軽度発達障害へのブリーフセラピー
効果的な特別支援教育の構築のために

宮田敬一編

金剛出版

はじめに

宮田敬一

　今日，学校においては，ADHD（注意欠陥／多動性障害），LD（学習障害），高機能自閉症の子どもたちが通常学級にいて，担任教師にとっては，彼らの指導法に窮し，困惑しているのが現状でしょう。特にADHDのように，子どもに行動面の問題があると，他の子どもへの影響もあり，教師には授業を行うこと自体がたいへんな負担となるでしょう。しかし，個性のある軽度発達障害児と他の子どもたちが人生の早い時期から出会い，共に体験を共有できることは，障害児と障害を持たない子どもとの両者にとって，相互理解にとても役立つ，有意義なことであると思われます。しかしそのためには，学校と関わるすべての人たち，とりわけすべての子どもの保護者の理解が大切です。

　そして学校教育においては，何よりも障害児とうまく関われる力量が教師に求められています。小・中学校には，特別支援教育コーディネーターが配置されますが，彼らの養成研修だけでなく，担任の研修も必要でしょう。担任には，軽度発達障害児を理解するだけでなく，子どもの問題となる行動を，まわりの子どもたちや保護者と協働して改善していく技術も必要です。その意味では，問題の解決を目指して，子どもに変化を喚起するブリーフセラピーの考えと技法が特別支援教育分野に何らかの貢献ができると思われます。

　本書の出版にあたり，ブリーフセラピー・モデルを使い，発達障害児の心理臨床をしている先生，スクールカウンセラーとして学校に入り，発達障害児を担当している教師や発達障害児の保護者のコンサルテーションを積極的

にしている先生，さらに，実際に特別支援教育コーディネーターとして，特別支援教育の最前線で活躍している先生方に特に執筆をお願いしました。本書は，障害児への具体的な支援の在り方をわかりやすく，しかも効果のある方法を提示しています。本書が，教師，スクールカウンセラー，発達障害児の心理臨床をしている専門家の皆さんのお役に立ち，子どもたちと保護者の支援に少なからぬ貢献をすることを願っています。

　平成18年5月　新緑を迎えて

軽度発達障害へのブリーフセラピー　目次

はじめに ————————————————宮田　敬一　3

● 総論

ブリーフセラピー・モデルの特別支援教育への
　　貢献の可能性 ————————————宮田　敬一　9

● 第1章　子どもへのアプローチ

衝動的な子どもへのブリーフセラピー ————宮田　敬一　31

自閉症児との関わりで
　　ブリーフセラピーが役に立つこと ————菊池悌一郎　50

特別支援教育コーディネーターとしての
　　子どもとの関わり ——————————青木美穂子　61

発達障害のある不登校児童に対する
　　教室復帰への支援 ——————————上農　　肇　78

学校生活になじめないアスペルガー女子中学生への支援
　　————————————————————秋山　邦久　95

● 第2章　家族へのコンサルテーション

高機能広汎性発達障害ケースに対する家族支援
　　——ブリーフセラピーとソーシャルスキル・トレーニングの併用——
　　　————————衣斐哲臣・奥田美和子・八代一司　111

ADHDの中学生を抱える家族支援 —————金山　健一　128

第3章　教師へのコンサルテーション

学童保育におけるコンサルテーション──────長谷川明弘　145

幼稚園・小学校におけるコンサルテーション────鈴木　義也　160

中学校におけるコンサルテーション
　　──身体に抱きつく自閉症生徒への対応──────津川　秀夫　174

第4章　スクールカウンセリングと特別支援教育

教室にいる「気がかりな子」をめぐる相互作用────生田かおる　189

ADHDを疑われる中学生への援助
　　──本人を抱えられる環境づくりを目指して──────柴田　健　201

ブリーフセラピー・モデルの特別支援教育への貢献の可能性

宮田　敬一

I　はじめに

　文部科学省（2005）による，「特別支援教育を推進するための制度の在り方について（答申）」の参考資料によれば，特別支援教育の対象者はこれまでの特殊教育の対象者に加えて，LD（学習障害），ADHD（注意欠陥／多動性障害），高機能自閉症等の通常学級に在籍する児童生徒が新たな対象者になっている。この特別支援教育を効果的に行うには，通常学級の担任に軽度発達障害児を教育できる専門性が要求されてくる。通常学級の児童生徒数が多い中で，しかも，新たな専門性が問われると，教師の負担は増すばかりである。山崎（2006）は，「クラスの在籍児童生徒数を20人以下に減らして，十分に教育・訓練を受けた教師が担当しなければ，特別支援教育の実施は困難であろう」と指摘している。特に，ADHDや自閉症児の特異な行動を改善するには，子どもの理解だけでなく，問題となる行動を子どもと共に改善していく力量が教師には必要とされる。というのは，授業以前に，まず教室で落ち着いて学習できる環境を子どもたちに提供することが求められるからである。

　その点，ミルトン・エリクソン（Erickson, M. H.）の心理療法を源流とするブリーフセラピーは，問題の解決を志向し，変化に焦点をあてたセラピーモデルであり，子どもの行動の改善には適したモデルの一つと思われる。ブリーフセラピーには，問題志向，問題機能志向，解決志向の主要モデルがあ

るが（宮田，1994），障害児の問題となる特異な行動を解決するためには，問題のコンテクストからゆっくり解決のコンテクストへとシフトしていくことが功を奏すように思われる。

II　ブリーフセラピーの基本的な考えと技法

1．子どもの主体性を尊重する

　人の行動変化を喚起するためには，その人の新たな行動への主体的な関与を促進しなくてはならない。自閉症児によく見られる固執的行動も，原因論にとらわれるよりも，子どもの主体的行動として捉え，その子どもの主体性を尊重することで新たな行動変化への可能性を拓くことができる。とはいえ，人の問題行動への固執性が強いほど，はじめから解決状況を導入することは困難である（宮田，2002）。それゆえ，まず問題状況を把握し，問題となる行動のわずかな変化を志向することになる。そして，子どもをその変化プロセスに関与させるのである。たとえ，固執的行動がいくつかあっても，一つ変化を喚起できると，たいてい残りの行動変化は容易となる。小学6年生のある自閉症児の示すいくつかの問題行動に対する教師の具体的な対処法（宮田・大滝，1988；宮田，1989）を提示する。この対処法は，エリクソンの利用アプローチ（Rossi, 1980）に基づいている。

　1）選択肢の提示

　彼女は芸能界のスターにあこがれていて，爪を長く伸ばしていた。学校においては，子どもの安全性や衛生面の観点から，子どもの長い爪は問題であり，親も困っていた。親や教師が子どもに爪を切るように言っても拒否され，指かみの自傷行動を喚起していた。そこで，教師が「じゃ，爪を切るのは月曜日，水曜日，どっちにする？」と尋ねると，「水曜日」と応え，彼女は，実際に水曜日に，しかも自分一人で爪を切ったのである。同様にして，子どもの買い物癖，野菜嫌いも選択肢を提示することで改善された。

　2）行動パターンの利用

　彼女は，毎日決まって，夜の10時22分に寝て，学校であくびばかりして

いた。「22」という数字にこだわりがあり、デジタル時計が22分になると、床に入っていた。それで、就寝指導として、教師が「じゃ、8時22分か、9時22分に寝なさい。どっちにする？」と尋ねたら、彼女は「9時22分」と応え、このやりとりがあった日の夜は、9時22分に就寝できた。このように、子どものこだわり行動を利用することで、一方的ではない、子どもの関与を許す介入が可能となる。

　3）未来時間の導入

　彼女のように、自閉症児の中には、一日の授業日程が変更になると、それを嫌がり、泣いて拒否し、自傷行動を示す子もいる。それゆえ、日程の変更がある場合は、子どもに事前に近い未来における授業日程の変更を伝え、了解を得ておくことが役立つ。また、こだわりパターンを崩すために、日程の中に一つ、はてなマークを入れて、その時間、何をするのか興味をもって未来を待つ体験をしてもらうことで、子どもは事前に学習内容がわからなくても、混乱なく授業に参加できるようになる。いわば、未来時間を導入することで、未知なことに慣れてもらうのである。

2．子どもの肯定面を見出す──不変神話の脱構築──

　ブリーフセラピーの特徴である、人の肯定面を見出し、それを引き出すことは、特別支援教育には最も大切なことである。障害児と関わる人たちは、とかく子どもの障害にばかりに注意がいき、子どもの良い面が見えなくなるからである。同じ行動であっても、子どもの行動は肯定的にも否定的にもとれる。特に子どもに障害名がついていて、その子どもに特異な行動が目立つと、学校では「あれは障害からくる症状だ」「障害だから変わらない」という神話が流布してしまうおそれがある。それゆえ、子どもと関わる人たちには、この不変神話を脱構築して、子どもは障害を持っていても、変わることができるのだという、新たな枠組みが求められる。心理学や教育学の立場からは、障害を持つ子どもを病理ではなく、肯定的なすばらしい資源を持っている人と捉えることで、子どもとの新たな関わりを見出すことができる。

1）リフレイミング

 有意味言語をほとんど持たない，あるダウン症の男子中学生は，小学校以来，何年にもわたり，人の胸や尻を触ることで，学校で問題になっていた。教師はその触る行動を障害のために起きる症状の一つとして，「しようがないんだ」と，あきらめていた。しかし，コンサルテーションを通して，彼の行動を「他者とのコミュニケーションを求めている」という，肯定的な資源として捉え直すことで，子どもとの間に新たなコミュニケーションを生み出した。教師はリフレイミング（Watzlawick, Weakland, & Fisch, 1974）し，子どもの行動を新しい枠組みから捉え直したのである。そして，教師は，子どもの好きな身体接触を利用して，「握手」によるコミュニケーションに着手し始めた。あいさつの場面で握手しただけでなく，子どもを認め，ほめるときや彼に伝えたいことがあるとき，握手をしながら会話をしたのである。その結果，彼の問題となる行動は改善したのである（宮田他，2000）。

2）例外状況

 保護者や教師に子どもの問題の解決像を描いてもらうことは困難であっても，問題の起きていない例外状況（de Shazer, 1988）を見出してもらうことは，比較的容易である。どんな問題行動であっても，たいてい例外がある。たとえば，例のダウン症児は，教職員の中でも，全く話をしたことのない人には触ることはなかった。しかし，顔見知りになり，会話ができるようになると，彼は少しずつ，その人たちの「胸や尻を触る」という行動に出始めたのである。それだけでなく，まわりの子どもたちにも彼は触ることはなかった。このように，子どもには，資源として，「関わりたい人を選択する能力」，「触る行動をコントロールできる能力」があり，そのことが同じ彼の行動を「他者とのコミュニケーションを求めている」新たな資源として教師に捉え直させることも可能にしたのである。

 また状況が異なると，子どもの行動も異なることがある。それゆえ，教師は，学校だけでなく，家庭での状況を直接，知ることも大切である。家庭訪問をすることで，学校では見えなかった子どもの肯定面を見出すこともある

からである（宮田他，2001）。たとえば，教師が家庭を訪問し，子どもがハンカチを洗って窓ガラスに貼っている姿や食器洗いをしている姿を見て，はじめて，子どもの能力を知ることもある。

3）リソース（資源）

ブリーフセラピーは，人の中にある有用なリソースを見出し，引き出すことで，新たな変化を人にもたらすものである。その点，例外状況も一つの有益なリソースである。このブリーフセラピーと同様に，人の能力や創造性に満ちた新しい物語を引き出すナラティブ・アプローチも人の中の肯定的なリソースをその基礎においている。その最近の動向を見ると，セラピー過程だけでなく，アセスメントにおいても，独自な考えと実践が出現している。たとえば，ADHD（注意欠陥／多動性障害）と診断された子どもたちに，ナラティブ・アプローチを推進しているナイランド（Nylund, 2000）は，従来までのアセスメントのための道具とは異なる，子どもに関する新しい評価尺度を開発している。スマート評価尺度といわれる尺度は，子どもの長所や能力を引き出し，伸ばすためのセラピー的対話の道具として使われている。その親用と教師用のいずれの尺度も評価項目はすべて肯定的表現から構成されている。それゆえ，項目には「～ができる」という言葉遣いが多い。ブリーフセラピーの観点からいえば，この尺度は，問題言語ではなく，解決言語の重視であり，特別支援教育においてたいへん役立つものと思われる。

3．困難と共に生きる

どの子どもも成長過程にあり，教育の力で子どもの能力を発達させていくことは可能である。また，たとえ，子どもが障害により，適応していくことに多くの困難があっても，それを問題にまで発展させないことも可能であろう。そして何より，子どもの行動の中で，問題といわれるものの多くは，まわりの人たちの障害に対する見方や考え方により，大きく影響されていることを考慮すべきである。どんな人であれ，完全な人はいないし，人生で困難に遭遇しない人もいないであろう。障害のために特有の困難を持つ障害児と

その保護者にとって，まわりにいる人たちの許容的な雰囲気と支援が特に必要なのである。

　ブリーフセラピーの基礎を拓いてくれたエリクソン自身の生き方（Zeig, 1980）は，特別支援教育に大切な示唆を与えてくれているように思われる。彼は17歳でポリオにかかり，その克服に多大な努力を要した。また彼は，晩年にもポリオの後遺症に悩み，車いすの生活を余儀なくされただけでなく，話すことにも困難があった。しかし彼は，効果的なコミュニケーション・スキルを自ら見出し，患者や彼のアプローチを学ぶ研修者に多くの恵みを与えることができた。

　このように，エリクソンは自らの生き方を通して，困難があっても，それとうまくつき合って生きていけることを示した。さらに，人はセラピーからできるだけ早く抜け出て，自立できること，しかも，生活の中で変化できることを教えてくれている。その意味で，ブリーフセラピー・モデルは，人が困難といかにつき合っていくか，その考え方と方法を特別支援教育の一つとして提供できると思われる。

4．セラピーを焦点づける

1）何が問題なのか

　特別支援教育の対象となる子どもの問題は，子ども自体というよりも，家族や教師など，まわりにいる人たちが子どもの行動への対処に窮して，その行動を問題として見てしまうことがほとんどである。それゆえ，相談にくる人はたいてい保護者か教師である。その際，誰が子どもの何を問題にしているのかを明確に捉えておく必要がある。また，その問題をどうしたいのか，そして，そのことがまわりにどのような影響を与え，本当に子ども自身のためになることなのかをよく来談者と話し合うことも大切である。

2）問題のコンテクストを把握する

　問題はコンテクストの中で起きている。たとえば，いつ頃，どこで，どんな状況の中で，問題が起きているのかを明確することが必要である。それに

はまず，どのような時間に，どのような場所で，そこにはどのようなものが配置されていて，どのような人たちがいる中で，問題が起きているのかを知ることが大切である。そして，それらのコンテクトを構成している要素の間に問題を維持している，同じ相互作用の繰り返しを見出すことが解決への道となる。

3）コンテクスト内の相互作用を知る

特に，問題の起きているコンテクストにおける，人と人の相互作用を知ることが重要である。ほとんどの問題は人と人の間の同じやりとりの中で続いている。それゆえ，問題に対してまわりの人たちがうまくいかないどのような解決努力（Weakland, et al., 1974）を繰り返してきたのか，あるいは，よりシステミックに，問題をめぐってまわりの人たちがどのような同じコミュニケーション行動の連鎖（Haley, 1976）を繰り返してきたのかをまず，把握することが解決の手がかりとなる。なぜなら，同じ解決努力や行動連鎖を変えることが，解決の可能性を拓くからである。

5．相互作用のレベル

相互作用にはレベルがあり，家族内や学校内におけるそれぞれの相互作用だけでなく，家族組織と学校組織の相互作用もある（宮田，1998）。特に，うまくいかない事例では，子どもの問題をめぐって，家庭と学校の間に不信感のやりとりとそのエスカレーションが見られる。それゆえ，まず，家庭と学校との間に協働的な相互作用を確立することが，子どもの問題を解決する近道になることがある。その点，ブリーフセラピー・モデルは，どのレベルの相互作用であれ，うまくいかない相互作用から，これまでとは異なる新しい創造的な相互作用へと転換する道を人に示唆するものである。

Ⅲ　ブリーフセラピーの実際

筆者がエリクソンの心理療法（Zeig, 1980）に出会い，彼の創造的な臨床実践に魅せられ，そのアプローチをはじめて適用したのは，障害児臨床の分

野である。その中でも，ある自閉症児の母親との面接（Miyata, 1988）が，ブリーフセラピーの効果に確信を与えてくれた。

1．自閉症児の母親との面接事例

　自閉症児の母親は，8歳の子どもが顔の前で両手をひらひらと振ることで困っていた。彼のその行動は3歳からあったという。彼は，時々反響言語を言うが，3語文は話せる。母親は祖母（父方）の手前もあって，子どもの手ふり行動に困り，何度となく注意するが，その行動は治まらず，困難はむしろ問題と発展していった。母親によれば，子どもは，嬉しいとき，要求が通らなかったとき，一人でいるときに手ふりを行うが，どんなときに出るのかについては，よくわからないとのことであった。家庭で子どもの手ふりが激しいと，祖母が「また，やっている」と母親に注意してくる状況であった。父親は家にいても祖母の言葉には黙したままである。それで，しかたなく，母親が子どもに怒鳴って注意する，あるいは，子どもの手をつかんで手ふりを止めさせていた。しかししばらくすると，また子どもは手を振り出すという状況である。

　この子どもには，母親との間に特徴的な言葉のやりとりがあった。彼は，自宅前の自動販売機にあるタバコの名前を一つ言うが，決まって間違っていた。母親がそれを何度訂正しても，彼ははやり違う銘柄のタバコ名を言っていた。同様に，銀行の前を通ると，彼は決まって，別の銀行名を母親に言うのである。もちろん，母親は正しい銀行名を教えるが，彼ははやり決まって違う銀行名を言うのであった。彼のそのような行動を，母親は何度言い聞かせても間違えるのはおかしいと，問題にしていた。

　セラピストはこの話を聞いて，彼にはユーモアのセンスがあると考え，母親に，子どもが手をふると，すぐに彼の目の前に立ち，母親も同じように遊び的に手を大げさにして振ってみたらと提案した。そして，彼が何か言葉を言ったら，母親はそのまねを止めるように話した。

　セラピストは，そうすると，手をふる彼の気持ちがわかるかもしれないと

示唆した。実際にこの介入は功を奏し，子どもの手ふりは改善した。子どもは止めてほしいときは，「行く（あっちに行ってほしい）」，「ママ，行く」と言葉を出した。それだけでなく，彼は手を上げるまねをする，あるいは顔の前まで手を上げ，振らないで頭の上に持っていくなどして，母親をからかい始めたのである。

母親は，課題を遂行するためには，どこでも子どものまねをして，手ふりをしなくてはならなくなったが，やはり人前で子どもと同じことができないことがあったと正直に言った。そして自分はオープンな人間であると思っていたが，人を気にしていたことに気づいたと言う。

2．面接過程の考察

この事例における母－子の相互作用に焦点をあてると，母親はこれまで子どもの問題行動に受身的で，子どもに手を振られてから反応するので，イライラするしかなかったように思われる。一方，子どもがいつ手を振るのかを待って見ているという課題は母親の能動的な構え，主体性を喚起させ，母親は子どもの行動に能動的に関わることになったと考えられる。そして，子どものまねをするという母親の行動は母と子の間に新しいコミュニケーションを創出した。

この事例は有意味語を持つ，能力のある子どもであり，母親との特異なコミュニケーションもあったので，それをリソースとして利用し，逆説的介入がなされたのであり，当然のことながら，子どもの手ふり行動の改善にそのまねが良いという一般化はできない。やはりセラピーにおいては，子どもの特性やリソース，それに子どものおかれているコンテクストを考慮し，一人ひとりの子どもに適した介入をしなくてはならないことはいうまでもない。

Ⅳ　教育コンサルテーションの実際

1．ブリーフセラピー・モデルと教育コンサルテーション

ブリーフセラピーの考え方と技法に基づいた，心理臨床の専門家によるコ

ンサルテーションは特に，教師や保護者には有益である（宮田，2000）。というのは，たとえば，ブリーフセラピーに習熟したスクールカウンセラーとのコンサルテーション過程は，教師にとっては，保護者や子どもと問題の解決にあたる過程と，また，保護者にとっては，子どもと問題の解決にあたる過程とパラレルであり，それぞれの過程において，今体験しているコンサルテーションと同じ考え方と技法がそのまま使えるからである。彼らは，コンサルタントと共に，解決のセットを体験的に学習できるのである。この解決セットとは，技法ではなく，人の解決能力と主体性を尊重する態度を指している。

今日，学校においては，教育相談や生徒指導ではなく，特別支援教育が大きなテーマになっている。小・中学校や盲・聾・養護学校において，特別支援教育のためにコーディネーターが新たに導入されることになったのである。しかも，そのコーディネーターの役割は多岐にわたっている（文部科学省，2003, 2004）。小・中学校においては，彼らには学校内の関係者や関係機関との連絡・調整役割や児童生徒，保護者，担任との相談などの役割が期待されている。それゆえ，効果的な相談活動を行うには，担任や保護者に対するコンサルテーション的な機能もコーディネーターには求められてくると思われる。

特別支援コーディネーターとして，校内の関係者や関係機関との調整をするには，相互作用を有するシステムを扱う専門性が彼らには必要となる。また，担任や保護者との効果的な相談には，相談者の主体性を尊重する姿勢が大切である。高須・宮田（2001）は，援助の対象者が生徒，保護者，同僚教師（担任）であれ，問題が何であれ，学校における教師によるあらゆる教育相談活動を「教育コンサルテーション」と呼ぶことを提唱した。というのは，コンサルテーションとは，非治療的で，コンサルタントとコンサルティがお互いにそれぞれの専門性を尊重した概念であり，コンサルタントと関わる人たちの問題に関わらず，また，どんなコンサルティであっても，その人たちの主体性が尊重され，コンサルタントとコンサルティのより協働的な関わり

が促進されるからである。

ブリーフセラピー・モデルは，人の主体性と相互作用のレベルを考慮した，教育コンサルテーションに最も適したモデルといえる。このモデルを使うことにより，1回の面接であっても，効率的，効果的に教育コンサルテーションを実施できる。1回のコンサルテーションが効果的であった事例（宮田他，2001）を提示する。

2．教育コンサルテーションの事例

小学校5年生の自閉傾向を持つ知的障害児が，学校で「ガラスを割る」，「物を投げる」，「窓から飛び降りようとする」，「人の背中を叩く」，「教室から飛び出す」などの行動を起こし，その対処に困り，特殊学級担任の女性教師がコンサルテーションを希望して筆者のもとにやって来た。コンサルテーションを受けるためには，あらかじめ，事例研究に関する同意書を保護者からもらい，かつ，担任が筆者ら（宮田他，2001）の作成したコンサルテーションフォーム（表1）に記入の上，来談することになっている。なお，2回目以降のコンサルテーションには継続用のコンサルテーションフォーム（表2）が使われる。

これらの行動が起きている状況は，学校で彼が夢中になっていることを止めさせられたとき，やりたくないことをさせられたときである。これまでの担任の対処は，子どもの行動が危険なので問題にして，それらの行動が起きると，怒る。あるいは，背中を叩いてきたときは同じように意図的に叩いて見せていた。すると，子どもは我に返り，「ガラスを割ると痛いの？」と尋ねる。また，叩き返されて，痛さを実感し，「痛かった，ごめん」とあやまることを繰り返していた。担任は，子どもには嫌なことがあっても人や物にあたらないで，行動をコントロールすることを望んでいた。

コンサルタントは，問題状況とこれまでの担任の対処を尋ねた後，三つの提案をした。まず，授業のコンテクトに快の活動を導入することを提案した。具体的には，授業のコンテクトに変化を与えるために，学習教材を考え直す

20 総論

表1 コンサルテーションフォーム（初回）

　　　　　　　　　　　　　　　　　　　　　　　| 研究室 |

平成　　年度　　月　　日
　　　　　　　　所属校　　　　　　　記入者

1．対象児

対象児名（イニシャル）：	学年：小・中　　年生	性別：男・女
主な障害名：		
知的能力（言語理解能力・使用言語・有意味語の有無・何語文か等）		
検査結果（実施した場合）　：検査名　　　　結果　　　　　実施時間		
学級構成：男　年　　名・　女　年　　名　　計　　　名 / 　年　　名　　　　年　　名		担任：教師　　名 / 　　　　介助　　名
家族構成		

2．具体的な解決課題　（行為・言動など具体的に）

(1) 解決課題（複数の場合は順位をつけてください）

(2)(1)の中の「一番困っている解決課題」について，具体的に書いてください。

①行為・言動など

②その行動はいつから始まりましたか。

③主に「どこで」「どんな時に」起きますか。

表1（つづき）

④その頻度： (a) 毎日　(b) 週2～3回　(c) 週1回　(d) その他
⑤1回につき，どのくらい続きますか。

3．対象児が解決課題を起こしたときの周囲の反応　（行為・言動など具体的に）

他の子どもたちは，どのように反応しましたか。	その時の対象児の反応
教師や介助員は，どんな対処をしていましたか。	その時の対象児の反応
（家庭で起きる場合）家庭の対処の様子	その時の対象児の反応

4．解決課題が起きないときはどんな場面ですか。具体的に書いてください。

5．対象児がどのようになれば「課題が解決した」ことになりますか。具体的な姿を書いてください。

＊その他，必要な資料がございましたら添付してください。

22 総 論

表2　コンサルテーションフォーム(継続)（　　回目）

　　　　　　　　　　　　　　　　　　　　　　　　　　　研究室

平成　　年度　　月　　日
　　　　　　　　所属校　　　　　　　　記入者

1．前回までのコンサルテーションの月日
　　　（初回）　　月　　日
　　　　　　　　月　　日
　　　　　　　　月　　日

2．対象者の確認

対象者名（イニシャル）：	学年：小中高　　年生	性別：男・女
家族構成（その後の変化）		

3．解決課題を確認

4．前回の具体的な指導助言と，それについての取り組み

順位	受けた指導	選択した解決課題
①		
②		
③		

表2（つづき）

5．実際の取り組みの様子とその後の変化について（4．を受けて）

①について

教師は，どんな対処をしていましたか	それによって，どんな変化が起きましたか。

②について

教師は，どんな対処をしていましたか	それによって，どんな変化が起きましたか。

③について

教師は，どんな対処をしていましたか	それによって，どんな変化が起きましたか。

6．その結果，どんな解決課題が残っていますか。

こと，その提示順序を変更してみること，および，子どもの良いところを認めて，子どもとの相互作用を変えてみることを提案した。また，例外を利用して，子どもの落ち着く場を認め，確保してやることの大切さを示唆した。さらに，子どもの「叩く」行動を彼の行動レパートリーにある，別の「撫でる」行動に転換することも提案された。というのは，子どもは担任を叩いた後，「ごめん」と言って担任を撫でてくる行動を示していたからである。彼の「謝る行為」や「撫でる行為」に関心を向けることは，彼の肯定的な資源を大切にすることになる。

コンサルテーション後，担任は，自分なりにいくつかの工夫をし，その結果を報告した。

1）授業状況の変化と快の感情の喚起

担任は，課題学習の前に，子どもの好きな活動を入れることで，授業状況に快の感情を喚起するようにした。それまで，課題学習を先にしていたのである。具体的には，彼の好きな「つなぎ」「パズル」「なぞなぞ」「しりとり」などの活動を授業のはじめに取り入れた。また，学習内容を少なくし，ドリルや宿題の難易度を軽くした。時間が余れば，「トランプ」や「カルタ」で遊ぶ活動も入れた。そして，保護者の協力を得て，宿題を見てもらい，学校での答え合わせで全問正解になり，彼は担任からほめられることになった。その結果，教師には，彼がほめられると，とても嬉しそうな表情をすることがわかった。

2）例外状況の利用

子どもは，教室の隣の小さな部屋が好きで，やりたくないことを拒否するとき，そこに逃げ込んで好きなことをしていた。タウンページや新聞の広告を見ているのである。この部屋に引っ込んでいるときは，彼の乱暴な行動は見られない。彼にとって，この部屋は気持ちの高揚を抑える場所であったが，担任は，何とか追い出そうと試みて，失敗していたのである。ただ，授業中に，グランドや教務室に行きたいときは，彼は部屋から出ていた。コンサルテーション後，担任は，他の子どもたちがその部屋を「Kちゃんのいる部屋」

と言っていたので,「Kちゃんの部屋」と名づけ,その部屋を認めた。そして,担任は,そこに彼の好きなワープロをおき,休み時間に,彼の関心のある新聞記事やはがきの住所を書くための地名を自力で打つように指導した。その後,担任は,そのワープロ学習を彼がハンドベルで頭を叩いた2年生の子どもに「謝りの手紙を書く」という活動へとつなげていった。さらに,授業中,彼が飛び出ようとするとき,「この活動が終わったら,Kちゃんの部屋に行こう」と担任が言うことで,彼の飛び出し行動は改善された。

3）子どもの意志の尊重

担任は,彼が交流学級に行くのを嫌がるときは,これまで無理に行かせていた。しかし,コンサルテーション後は,彼が嫌がるときは,無理して行かなくていいと認めた。担任は,マラソン練習で,体力に差があり,他の子どもについて行けない彼を見て,交流学級での彼の辛さが理解できたという。担任が子どもの嫌がる気持ちを認めたことが,子どもとの関係改善につながり,担任の声かけで,彼は交流学級での「給食」に行くことができるようになった。

4）新しい行動へのディストラクション（注意の向け直し）

担任は保護者との話し合いで,家庭と同様に,わるいことをしたら,叱ってほしいと言われ,子どもが担任の背中を叩き続けたら,痛さをわからそうとして,意図的に手加減しながら叩き返していた。コンサルテーション後は,担任は,叩かれたら叩き返し,すぐに,「撫でくくれ」と彼に言った。子どもが撫でると,今度は担任が彼を撫でた。すると,「あ〜よかった」と彼はホッとした表情になり,少しずつ落ち着いてきたという。また,担任は他の子どもに,「痛いから撫でて」と声をかけると,彼は「やめろ」と言って,担任を撫でてきた。そして,彼はもう一度担任の背中を叩いてから,撫でたと言う。その結果,叩く行為は減少し,彼は思うようにいかないとき,担任を叩く代わりに,「先生,来てよう」と言葉で関わるように変化していった。これは,「叩く」という行動から,子どもの資源を利用して,「撫でる」という新しい行動へとディストラクション（宮田,1996）した例と言える。

5) 保護者との協働

　この事例では，担任は保護者と話し合い，協働していることが子どもの変化に結びついていると思われる。特に，保護者に子どもの宿題を見てもらい，子どもが学校での答え合わせで全部正解し，担任からほめられることは，保護者もほめられたことを意味している。このような家族組織と学校組織との協働は，それぞれの組織における，これまでとは異なる新たな相互作用の喚起に影響を与えることになる。

　最後に，教育コンサルテーションが効果的に行われるためには，保護者なりの養育者としての智恵，子ども自身の内にあるリソース，そして，担任としての教育経験に基づく智恵がそれぞれ尊重され，それらがうまく出現してくるコンテクストをコンサルタントとコンサルティが協働的に構築することが最良の道であることを指摘しておきたい。

引用文献

de Shazer, S. (1988) Clues. Norton, New York.

Haley, J. (1976) Problem-Solving Therapy. Jossey-Bass, San Francisco, CA.（佐藤悦子訳（1985）家族療法．川島書店）

Miyata, K. (1988) The application of Ericksonian approaches to autistic children. Ericksonian Monographs 3, Brunner/Mazel, pp. 85-95.

宮田敬一 (1989) 戦略的家族療法．全国心身障害児福祉財団．

宮田敬一 (1994) ブリーフセラピーの発展．（宮田敬一編）ブリーフセラピー入門，金剛出版, pp. 11-25.

宮田敬一 (1996) ストラティージック・セラピーの治療的枠組み．（日本ブリーフサイコセラピー学会編）ブリーフサイコセラピーの発展，金剛出版, pp. 87-98.

宮田敬一 (1998) ブリーフセラピーの学校への適用．（宮田敬一編）学校におけるブリーフセラピー，金剛出版, pp. 9-23.

宮田敬一 (2000) ブリーフセラピーとスクールカウンセラー．（村山正治編）臨床心理士よるスクールカウンセラー，至文堂，pp. 260-268.

宮田敬一 (2002) 日常生活の智慧としてのディストラクション．ブリーフサイコセラピー研究, 11 ; 13-19.

宮田敬一・大滝雅浩 (1988) エリクソン派戦略的治療の展開──自閉児へのアプ

ローチ——. 新潟大学教育学部紀要, 30 (1); 47-56.
宮田敬一・片野道子・長谷川勝則・中野祐子・中村裕子・丸山由美子 (2000) 子どものためのブリーフセラピー事例研究. 新潟大学教育人間科学部障害児臨床心理学研究室.
宮田敬一・中野裕子・丸山由美子・澤野雅子 (2001) 子どものためのブリーフセラピー事例研究. 新潟大学教育人間科学部障害児臨床心理学研究室.
文部科学省 (2003) 今後の特別支援教育の在り方について（最終報告）. 特別支援教育の在り方に関する調査研究協力者会議.
文部科学省 (2004) 小・中学校におけるLD（学習障害），ADHD（注意欠陥／多動性障害），高機能自閉症の児童生徒への教育支援体制の整備のためのガイドライン（試案）の公表について. 報道発表
文部科学省 (2005) 特別支援教育を推進するための制度の在り方について（答申）. 中央教育審議会.
Nylund, D. (2000) Treating Huckleberry Finn. Jossey-Bass, San Francisco, CA. (宮田敬一・窪田文子監訳 (2006) ADHDへのナラティブ・アプローチ. 金剛出版)
Rossi, E. L. (Ed.) (1980) Innovative hypnotherapy. The Collected Papers of Milton H. Erickson on Hypnosis. Vol.4. Irvington, New York.
高須俊克・宮田敬一 (2001) ブリーフセラピー・モデルによる教育コンサルテーション. ブリーフサイコセラピー研究, 10；43-49.
Watzlawick, P., Weakland, J. H., & Fisch, R. (1974) Change. Norton, New York.
Weakland, J. H., Fisch, R., Watzlawick, P., and Bodin, A. M. (1974) Brief therapy: Focused problem resolution. Family Process, 13；141-168.
山崎晃資 (2006) 特別支援教育に求められるもの——軽度発達障害児の子どもたちとのかかわり——. 精神療法, 32；3-9.
Zeig, J. K. (Ed.) (1980) A Teaching Seminar with Milton H. Erickson. Brunner/Mazel, New york. (成瀬悟策監訳 (1984) ミルトン・エリクソンの心理療法セミナー. 星和書店)

第1章
子どもへのアプローチ

衝動的な子どもへのブリーフセラピー

宮田　敬一

I　はじめに

　今日，学校においては，子どもたちのさまざまな行動のために教師は苦悩している。たとえば，多動で落ち着きがない，教師の指示に従わない，人にちょっかいをかけていつもけんかを誘発する，高いところに登りたがる，人に暴力を振るうなどの行動である。そして，そのような子どもは注意欠陥／多動性障害（ADHD）と医学的に診断されることも多くなってきている。しかし，ADHDは，はっきりと分類できる状態ではなく，治療を要するか否かの境界を引くことがむずかしい上に，環境が子どものニーズに合えば，必ずしも障害とはならないのである（Holowenko, 1999）。

　その意味で，家庭において，一人っ子で育ち，好きなように行動できる子どもの場合，親は子どもの行動に困ってはいても，特に問題とは感じていないかもしれない。その場合でも，子どもが幼稚園や保育所，学校に入ると，その子の行動は，集団の中では目立ち，先生はそれを問題として見るかもしれない。子どもが学校で問題児として，「有名人」になると，その影響は当然，家庭にも及ぶことになる。親は教師から子どもの問題行動を指摘され，心理的に追い込まれる。それゆえ，セラピーにおいて，子どもの問題を解決するためには，学校と家庭を含む大きなシステムをクライエント・システムとして扱う必要がある（宮田，1992, 1998）。また，子どものありがたくない「有名人」という社会的な言説の脱構築のためには，ナラティブ・モデルの

視点（Winslade & Monk, 1999）も有用となろう。

　多動性や衝動性のある子どものセラピーに動作法は有効であるが（宮田，2002），学校システム内と家族システム内のそれぞれの相互作用，および両者の相互作用を扱う場合は，ブリーフセラピーの観点がより有益と思われる。なぜなら，ブリーフセラピーは多水準の相互作用を考慮するからである（宮田，1996）。また，このセラピーは，人や家族の病理ではなく，肯定面に焦点をあてるので，特に家族や学校には受け入れられやすいモデルである。ここでは，顕著な衝動性を示す，いわゆる ADHD の傾向をもつ子どもに対するブリーフセラピーの面接過程とその効果要因について論じる。

II　事例の概要

　子どもが学校で暴力をふるうということで，担任の紹介により，両親が小学1年の息子を連れて，教育相談のために来室した。家族は両親と本児の3人である。彼は幼稚園の入園時から，何もしない園児を叩いて回る，椅子を放り投げるなどの行動を示していた。小学校入学後の4月末から，人を殴る，蹴る，非常ベルを鳴らす，教室の床に転がる，高い階段の手すりにぶら下がり，"自殺してやる"というなどの行動を示して担任を困らせていた。彼は登校を嫌がり，5月末より，10日間，学校を休んでいた。

　母親は，担任より子どもの暴力行動を電話や連絡帳で知らされていた。彼が休み時間の暴力行動だけでなく，授業にも集中できないことを担任は連絡帳に書いている。「勉強のとき，休み時間のとき，どちらもとても心配です。どうしてよいかわからないことがたくさんあります」。担任によれば，たとえば，彼は皆と同じ行動がとれない。課題に最後まで取り組めない。授業が始まっても教室にいない。

　一方，母親は，担任は彼を異常な子と思っているみたいという。5月の末には，四六時中，担任から子どものことで電話があり，そのストレスのために，母親は背中の痛みと呼吸困難を患い，病院に行った。彼女は不眠にもなり，精神安定剤を服用していた。母親は，新しい環境に慣れるのが難しい子

なので，今は無理に登校させない方がいいと考えていた。子どもの行動の原因について，母親は，幼稚園児時代の自由保育がいけなかったのではないかと述べた。また，何のために相談に来たのかを子どもは知っているという。

出張の多い父親は子どもの行動を小さな事と思い，妻に任せていたという。そして子どもが嫌なら，登校させなくてよいと妻に言っていた。というのは，3日くらいで，子どもが行きたくなると思っていたという。スポーツが好きな父親は体格のがっしりした人で，いつも休日にはトレーニングをして身体を鍛えている。

本児は，父親からは，理由があるならけんかをしてもいいと言われているという。そして，学校には一生，絶対に行かないと言った。成績について質問すると，いつも100点という。母は，彼は臆病という。また，学校で非常ベルを鳴らすなど，有名人になっており，上級生にからかわれるのだという。そのため，家にいても彼は外に出ないのだという。彼は尋ねられるとはっきりと答え，しっかりした子のように見えた。

Ⅲ　面接過程

家族と担任との面接は時間をずらして個別になされた。家族全員との合同面接は3回，それ以外は母と息子のユニットであった。なお，「　」は本児と両親，それに担任，〈　〉はセラピスト（以下，Thと略す）の発言である。

初回面接

家族全員の合同面接であった。これまでの対処についてThが尋ねると，母親は，学校での出来事をすべて子どもから聞くようにしていると述べた。たとえば，次のような母と息子の会話である。「どうして友達を蹴ったの」，「前にその子から顔をパンチされたから」。「嫌なことがあったら，先生に言うのよ」，「言うのを忘れた」。「きちんと先生に言わないとだめだよ」，「わかった。明日，言うよ」。そして，彼は登校したくない理由として，別のクラ

スに「いじめっ子やうそをつく人がいるから」と述べた。好きなものを彼に尋ねると，怪獣，恐竜，動物，昆虫が好きで，工作が得意と言った。〈悪いA君を追い出すのに何をしたらいい？〉「風呂がいい。2時間入る。健康ランドは好き」。すると，父は「明日でも行こう」と息子にいった。

　Thは，彼が「学校には一生，絶対に行かない」と言うので，両親に学校のことは彼に任せること，また，彼には悪いA君を追い出すために何かすること，および，良いA君が出てくるように，工作で何か作り，それを学校に持っていくことを提案した。さらに，Thは彼と腕相撲をし，良いA君に変身しているかどうか，毎日，お父さんと腕相撲をしたらいいと提案した。面接中，彼は動き回ることなく，両親の間にちゃんと座り話に参加した。

第2回面接

　彼の動きが母親から報告された。彼は初回面接の翌日，朝食中に急に登校すると言い出した。母は「まだ，変身のものを作ってないから行かなくていいのでは」というと，彼は，「良い石（拾ってきて気にいっている）があるから」といって持って行った。父は，「行きたいなら行きなさい」といった。登校はしたが，彼は授業が始まっても体育館裏で水まきをしていて，呼びにいった友達や先生に水を向けてきた。その後，授業中，奇声を発するとの電話を担任より受け，母は学校に行き，子どもを連れ帰った。それ以降，彼は登校していない。母親は2時間，風呂に誘ったが，彼は30分しか入れなかった。工作はまだ作っていないが，父とは1回，腕相撲をやったと彼はいう。「僕，結構，強かった」。Thが左右1回ずつ腕相撲に誘うと，彼の力は肩に入っていて，手首に入らない。それで，彼はもう片手を使ってThに勝つのである。

　父親に少し変化が出ていた。母親によれば，「悪ガキは自分たちの時もいた」と，父親は子どもに危機感は持っていない。しかし出張中，父親は3日に1度は電話してきて，子どもの様子を聞いている。子どもは，いつもは母親と寝ているが，父親が出張から帰ると一緒に寝ている。また，「今まで，

日曜は主人の日で，一人でトレーニングしていたが，それを控えてくれて，家族で気分転換することになった」。家族で海に出かけたのである。彼は顔にかかる水遊びは嫌がるが，はじめて，母親が連れて胴まで海に浸かった。彼によれば，「2歳の時，親が無理にプールに入れたから泳げない。嫌なことを忘れないようにしているから憶えている」。そして，母親も心理的に少し，安定してきた。「ここ（相談）に来てから，ホッとしまして，安定剤を飲まなくても眠れる」

Thは，母と息子に，ホームパーティを開いて，友達を招待し，一緒に遊ぶのはどうかと提案した。母は，部屋を片づける良いチャンスといい，彼は「今日やろう」と乗り気であった。また，Thは，悪いA君が作ったものはすべて捨てることも提案した。母は，「色紙が一杯あるので，それは良い」と反応した。

担任面接①

担任の紹介なので，Thは担任と連絡を取り，協力をお願いして面接に来てもらった。担任は女性の中堅教師で，彼の破壊行為に困っていると述べた。彼は友達から注意されると，目やみぞおちをパンチする。ハサミを投げる。他のクラスの子とけんかした後，机を倒し，その後，非常ベルを鳴らし，さらに，防火シャッターを下ろしたことがある。上級生から体育館のステージに登っていて注意され，ギャラリーに登りおしっこをした。これらの彼の行動は休み時間にほとんど起きている。Thは，それらをめぐるクラス内の行動連鎖を確認した。彼が椅子や机を倒して暴れていることを級友が担任に知らせる。担任が彼に理由を聞くと，人からパンチやいじわるをされたという。そして，担任と一緒に彼は椅子と机を直すという連鎖である。

担任は彼の良さについても言及した。「頭のよい子と思う」。また，クラスの人たちとはうまくいっていて，特に女児は彼に対してやさしいという。そして，彼には登校してほしかったが，母親が連れ帰ったのだと述べた。また，担任は「どんな父親ですか」とThに質問し，連絡帳に書いてきた父親の言

葉に反応していた。彼がけんかし，級友の手を粘土用のへらで切ったという担任の報告に対して，父親は，正義について教え聞かせているので，「こうあらねば」という気持ちの強い子にしてしまったこと，息子を信じていること，人を傷つけたこと以外は彼を怒っていないことを連絡帳に書いていた。

Th は，次の提案を担任にした。彼が悪いことをしていうことをきかないときは，後ろから抱きかかえ，彼が力を抜いたら，離して片づけさせる。彼に何か目立つ役割を与えるのはどうか。母を追い込まないために，連絡帳には彼の良いことを一つ書く。上級生には彼にちょっかいをかけないように先生方から言ってもらう。

第3回面接

父親も同席し，パーティのことが報告された。前回面接の3日後，彼は仲良しの友達3人に電話で招待し，パーティをした。皆で母の作ったチーズケーキを食べ，オレンジジュースを飲み，その後，外で野球をして遊んだと彼は言った。母親によれば，招待者の一人（同じクラス）の具合が悪く，代わりにはじめての子が参加したが，皆，違うクラスの子で，おっとりしている子ばかりだった。そのパーティで，一人の子が，彼が学校に来ないことを心配していると言ってくれた。「じゃ，行けば」と母がいうと，「行くよ」と彼はいった。その翌日から実際に彼は登校し出した。

彼は父から貰ったピンクの毛糸を右足につけて登校した。「（良いAのための工作を）作らなかったけど，お父さんにもらった」。父は息子にミサンガーを「空から降ってきた」と贈ったのである。父は，自然にその糸が切れた時に良いことがあると聞いたので，それを息子にあげたのだと言った。そして，父は「悪いAを封じ込めたのだ」と言った。父親は協力的で日曜に家族で海に出かけり，彼とサッカーをしていた。また，彼は母と一緒に美容室へ行き，髪を切っていた。そして，彼は「悪いAがへばりつかなくなった」と変身を強調した。さらに，母親と風呂で水鉄砲戦争をしたが，その際，誤って洗面器の水が自分の頭にかかっても彼は泣かなかったという。「もう，顔

に水がかかっても平気です」

　この面接で，Thは親の子育て観について尋ねた。〈どんな男の子になってほしいですか？〉父親は「転んでも一人で立ち上がれる心の強い子。困っている人がいたら，助けてあげようとする優しい心を持つ子」と言い，母親は「人を許せる人間になってほしい」と言った。彼に〈どんな父（母）になってほしい？〉と尋ねると，父には，「日曜におもちゃにラッカーをいっぱい塗ってほしい。外に行って一緒に遊んでほしい」。母には，「いつもいっぱいおもちゃを買ってくれるお母さん。全然恐くないやさしいお母さん」といった。Thは，そのためには彼もお利口にならないといけないことを述べた。そして，彼は自ら進んで小指を出し，彼の望む親になるようにと，指切りで両親と約束を交わした。一方，Thも，彼が変身グッズを作ると言っていたので，それを作って見せてくれるように彼と指切りで約束をした。その際，Thは，学校に持っていけるようなポケットか筆箱に入る小さなものがいいと示唆した。また，母親は，担任が連絡帳に彼のよいところを書いてきていることを述べたので，両親とも，担任に御礼とよろしくのあいさつを書いて返したらどうかとThは提案した。

担任面接②

　担任は，父親が学校やまわりの人のことを気にしていることがわかり，良かったと述べた。「人に迷惑になることをしたら帰してください」と父親が連絡帳に書いたのである。そして，担任は彼の一連の問題行動について言及した。そのすべては担任のいないところで起きていた。彼が以前のけんかのことを憶えていて，相手にパンチをした。また，その子の服を池に捨てた。さらに，他の子のランドセルの中に手ですくって水槽の水と金魚を入れ，教室も水浸しにした。そのとき，担任はクラスの子どもに呼び出されて，教室に戻り，「やめなさい」と言っても，彼はきかないので，後から身体を押さえつけると，やめたという。担任はその後片づけを彼と女の子たちと一緒にした後，母に呼び出しの電話をした。母が腰痛で来れないというので，「帰

そう」と彼に言ったら，嫌がった。その後，彼が水飲み場でおしっこをしたので，担任は，家に帰しておけば良かったと反省していた。何をすれば，家に帰すのかを確かめるために，彼がおしっこをしたのではないかと担任は述べた。この水浸しの件は，生徒指導主任からもThに電話で報告があった。担任が管理職や生徒指導主任に彼の行動結果を見せて，彼の大変さを訴えたのである。

しかし，担任は彼の肯定的な面も述べた。教育実習生のお別れ会で，彼が一人で上手に歌ったこと，皆をリードして歌ったこと，さらにお別れの言葉を自ら手を挙げて言ったことに対して，「こんな良い面もあるのだ」と驚いていた。また，彼はプールに落ち着いて入り，担任と手をつなぐと首まで入ったという。さらに，担任は彼を週2回の起立・礼の号令係にした。すると，彼は一緒にやる友達を自分で決めさせてほしいと言い，二人の男子を選んだ。その中に，例の粘土用のへらで切った子も入っていたので，その子のことを彼は気にしていたのかなと思うと担任は述べた。

第4回面接

母だけの来室であった。彼は前回の面接後，すぐ家で変身グッズとして，紙で八角形の小さなメダルを作り，それを筆箱に入れて学校に持って行っている。そのメダルには，ピンクの台紙に運動会のキャラクターだった犬がとてもうまく描かれていた。母親はそれを彼から借りてThに見せてくれた。しかし，その翌日，彼は学校で例の水浸し問題を起こしたのである。また，彼は教室に戻らず，一日中，ろくに授業を受けなかった日があったことをぺらぺら母に話した。そして，彼が以前から行きたいと言っていた絵を週1回習い始めたことを報告した。

母親によれば，父親は家族と過ごす時間が多くなった。父親は彼と夜祭りの見物，小魚とり，早朝のサッカーをした。また，彼が恐竜にラッカーを塗るための色作りをしてあげた。さらに，父親はまめに母親に電話をくれるようになった。一方，母親は，たまに彼に具合悪く見せると，お利口になるの

で，その手を使い出したという。彼は，「大丈夫？　ごめんね。僕のせいで具合わるいのでしょう」という。さらに，担任については，「連絡帳に書ききれないほど，子どもは悪いことをしていると思うけど，家で子どもをあまり叱ったりしないようにということでしょうか。子どもの良いところを書いてある」と述べた。

Thは，母を通して，父にはこのまま協力してもらうこと，また，彼にはお利口になるために，また何か作ってもらうことを伝えた。母は，この夏，彼が水泳と自転車のりができれば自信ができると思うと述べた。

第5回面接

彼は両親と来室した。彼は，串の束で級友4人の身体をふざけていて刺したという。また，Thが例の水浸しの件について尋ねると，彼は説明した。「たまに難しい問題があると，僕は後ろを向いたりする。すると，A君（一番後ろの席にいるランドセルの持ち主）が嫌な顔をする。バカとか言ったりする」。彼はその後，1週間登校していない。彼は，父から学校をやめさせると言われていた。父は，息子について，「この1週間，針のむしろで何かにつけて叱られていた」と述べた。彼は「学校には行きたくない。6年生が20分休みの時間，体育館で遊んでいるとき，蹴ったりしてくる。道をふさいで逃げられないようにする」と述べた。一方，母親は，まだ体調が悪く，クラッとくるという。母は，寝ていると，彼がそばに来て横になっているという。そして，父親はこの1週間，早く帰宅していた。

Thは家族に許しと約束の儀式を提案した。両親の間に彼が座り，3人が手を重ね合わせ，約束として「お利口にする」と彼は言った。彼はニコニコし，父も喜んでいた。その後，彼は，「明日から登校する」と言った。課題として，母の具合が悪いので，彼と父は協力して手伝いをすること，父は8時までに帰るようにするが，できないときは必ず，彼に電話を入れることがThから提案された。また，彼には，休み時間，担任に彼を見ていてもらうようにするとThは伝えた。彼は5・6年生に助けてくれる友達もいるから，

先生は守ってくれなくてもいいと断った。しかし，Th は，先生は離れていても見ていてくれるからと説得した。実際に Th は担任に電話で，いじめの確認もあるので，休み時間，彼を観察することと，先生自身が彼の味方であることを伝えてほしいと依頼した。

第6回面接

彼は前回面接の翌日から登校していることがわかった。母によれば，父は，本当に早く帰宅し，彼に電話も入れた。これまで彼はテレビを見ていると，父からの電話にでなかったが，先週はきちんとでた。母は良くなってきているが，ふらつきがあるという。電話が来ても，すぐに立てないので彼が代わりに出てくれる。

彼の誕生日が近いので，Th は，誕生パーティを家族でやること，7 歳になって変身するためのものを作る，あるいは，絵を描くことを彼に提案した。さらに，6 歳のものを何か捨てても良いといった。

帰り際，母は，寄り道しようと彼にいわれ，ふらふらするかもしれないという。〈足のつま先にぎゅっと力を入れると現実に戻ってきますよ〉Th は動作法（成瀬，2000）の踏み締め課題を提案したのである。「スキーのときのようにね」と母は返した。彼は「いいこと教えてもらったね」と母にいった。

担任面接③

第 6 回面接と同じ日に担任とも会い，彼の様子を聞いた。彼は友達にパンチすることや，給食時，教科書やノートを出したままにしていて，椅子の上や空いている机で食べることもある。しかし母が心配するので，彼は連絡帳に嫌なことを書かれることを気にしているという。担任は，父親が家で彼を抑えつけるので，翌日，彼が学校で問題を起こすと考えていた。

担任は彼の対処について自ら Th に提案した。昼前の 4 時間目に良いことがあるとわかると，朝から良いように思うので，4 時間目に彼の喜ぶことを

するつもりだと述べた。また，ほとんどの20分休みの間，気づかれずに彼を観察したら，彼は友達と鉄棒，砂遊び，バッタ取りをしていて問題はなかったという。「前はフラフラして非常ベルを鳴らしていたが，一人でいることが少なくなった」。係の号令をやってくれて，彼をほめた。「上手におだてるとうまくいく」と担任は自信を見せた。

第7回面接

　夏休み中の家族の変化が母親から報告された。彼の誕生日とその前日，父は休みをとり，家族は美術館，植物園の見学，それに海でバーベキューをした。彼は，ラジオ体操に休まず参加した。この夏は，これまで，顔を合わせても遊ぶことがなかった上級生たちと外で遊び，友達が増えた。母の実家に帰り，近所の子どもたちとプール通いをして，彼は水が恐くなくなった。さらに，昔のおもちゃを出して遊びながら，彼は自分できれいにかごに片づけていたという。一方，母は実家に帰る電車を待っていたとき，まっすぐにじっと立っていられなかったので，つま先に力を入れて待っていた。そして，このところ，車に長時間乗らない限り，立ちくらみは良くなったという。

　ただ，昨年の暮れから出ていた手と腕の小さな湿疹が，実家に戻りうそのように良くなったが，帰って4日目に，また出てきたという。

　Thは，変身のための課題を彼がまだ持ってきていないので，7歳になった変身の絵を描いてくることを彼に提案した。

担任面接④

　彼の変化を担任は述べた。2学期に入り，だいぶん彼は落ち着いてきて，困った行動もない。座席替えがあり，彼ははじめて後ろの方の席になった。班編成については子どもたちに任せたが，座席は担任が決め，彼の班（4人グループ）は後ろになった。彼が，「後ろでいいの」と聞きに来たとき，担任は「大丈夫だと思うからそこでいい。心配な子は前にした」と言った。ま

た，給食時，彼が机の移動を手伝い，誤って牛乳を落とし，少しこぼした牛乳を拾わなかったことを担任は他の子どもから聞いた。それで，担任が落ちた牛乳と自分の牛乳を取り替えるようにいうと，彼は「嫌だな」と言っていたが取り替えたという。その後，担任が彼の牛乳と自分の牛乳を替えてやると，「どうして替えてくれるのか」と彼はしつこく訊いてきた。「ガラスの破片が入っているかもしれないから飲めないでしょう」。すると，彼は担任の牛乳を取り替えるために調理室に行ったので，担任はびっくりした。さらに，雨の中，サッカーした後，彼が帰らずにいたとき，担任は「どうして帰らないの？」と怒らないで訊いた。「いつもなら話さないのに，靴の中まで濡れていることを話してくれました。変わりました」

　Thは担任が彼の肯定的な面を見ていることを評価した。そして，担任に肯定的な未来への種まきをした。〈今後とも多少の波はあるでしょうが，彼を認めてやることでうまくいくでしょう。この子たちが6年生，中学生，成人するとどんなに成長しているか楽しみですね〉。Thは，担任が彼を肯定的に評価してきたので，何かあったら，来室してもらうことにして，次回の予約はしなかった。

第8回面接

　彼は恐竜の絵を描いた薄型のプラスチック板のホルダーを持参した。それは夏休みの自由工作で，明日，学校へ持っていくと先生と約束したのだという。Thが変身の絵について尋ねると，彼は「僕はもう作らなくていい。2学期になってからずっといい子になっている」と言った。母は，「今のところ，先生より（連絡帳に）何も書かれていません」と述べた。そして母は，彼のいらないもの（お菓子の景品）は捨てたと報告した。母親によれば，めまいはなくなったが，小さな湿疹が手と腕の2カ所に出ていてかゆみがひどい。父親の協力については，母親は「ほとんど日曜は家族を外に連れて行ってくれる。会社からだいたい毎日夕方4時に電話をくれる」と述べた。そして2学期の変化として，母親は，朝，自分か父親が手を振って子どもを見送

っていたが，やめてほったらかしていると述べた。また月末の参観日には父親が行くといっているると述べた。

Thは，面接よりも授業を優先して，彼とは最後の面接になると思い，別れに彼と握手して，頑張ってくださいと言った。彼は帰り際，丁寧に腰を折って「さよなら」とThに言った。

第9回面接

母だけが来て，「先生からも彼が落ち着いたといわれた」と述べた。家族は自転車のりに出かけている。めまいと手の湿疹はよくなったが，口のまわりに湿疹ができていると母はいった。Thは，今後も多少，波はあると思うが，彼はうまくやれると思うと担任にいっていること，および，担任も彼のことを良いようにいっていることを母親に伝え，約3カ月半にわたる家族面接を終わりにした。Thは，家族はまとまってきているので，彼に何かあっても担任との面接で対処できると考えていた。

担任の追加面接

5カ月後の3学期中頃，再び，担任が彼の問題で相談に来た。担任は，やはり彼の内に問題があると見ていた。「情緒障害があると思う。我慢できないところがある。乱暴なことをする」。彼は，泣いて叫ぶ，けんかして人を蹴る，殴る，つばを吐くなどのトラブルを起こしていた。再び，担任は，何かあると力で彼を抑えようと，怒鳴って注意していた。〈うまくいくときは？〉「夏休み後，嫌なことがあっても私に話すようになった。外遊びができて，友達とサッカーして発散していた。内遊びになってから，問題が多くなったように思う」〈うまくいったときはどんなことをしていますか？〉「発言力のある子で，授業の中間で彼の発言を取り上げると授業はやりやすい」。Thは彼へのうまい対処について，これまでと異なる何かよいアイデアがあったら教えてほしいと話した。

その1カ月後，担任は再び彼の変化を報告に来た。席替えをやった。彼の

席を自分と最も近い一番前の席から最も遠い列の2番目にした。そして、彼から離れている方がうまくいくことがわかった。彼にかかりっきりになっていることで、やきもちをやく子がいることもわかった。彼に反応して、今一番前の席の男児がわざと悪いことをするという。彼が興奮しているときは、放っておいた方がうまくいくことが何回かあった。「(彼は)頭がいいから、扱い次第ですね」、「(彼は)大きくなるにつれて、よくなって治っていく気がします。顔が変わってきた。前は不安定で目玉が変だったが、最近はなくなった」。担任は迷っていたが、次年度もそのまま持ち上がり、彼のクラスを引き受ける希望を校長に出した。

家族との追加面接

新年度になり、親からの電話予約で追加面接が6月と10月の2回なされた。いずれも、子どものことよりも、親が学校とどう関わっていくかの相談であった。つまり、子どもが注意を聞かず暴れると、担任が混乱し、教頭・校長に訴える。すると、親は管理職に呼び出され、親のしつけが悪いと非難されるというものであった。10月の面接後、Thは学校訪問し、管理職と会い、担任の苦労をよく聞いて皆で支えること、担任の対処の良いところを評価すること、同様に親を責めないで、子どもの良いところを見てやることを提案した。その後、校長は父親に謝りの電話を入れた。Thは、父親を通して、地域でやっている運動教室を彼に勧めた。それ以降、彼は何とか落ち着き、運動を頑張っているという便りが彼から届いた。学校からの訴えもなくなった。

Ⅳ 考　察

ADHD傾向のある子の学校における行動は、担任だけでなく、クラスや学校全体を巻き込み、家族にも大きな影響を与えていた。しかも、いわば、「トラブルの有名人」とレッテルを貼られた子どもは、学校でますますそのように行動し、彼の有名人物語は学校全体に広がり、深刻化と長期化の様相

を呈していた。それゆえ，この事例においては，学校システムと家族システムの協働的な関係を構築し，子どもの新しい物語を創出するための支援が求められていた。

1．学校組織と家族組織の協働的相互作用

　この事例では，家族ではなく，学校の担任が子どもの行動を問題として見ていた。一方，家族は，彼の行動を特に，問題として見ていなかった。しかし，担任からの子どもの破壊行動に関する頻繁な電話や連絡に悩み，母親は息子を学校から連れ帰り，息子は不登校になってしまった。しかし，子どもだけでなく，母親も心身症的な症状に追い込まれてしまった。彼の一連の行動は学校内で起きていたゆえに，家族は彼に注意し，言い聞かせるだけの対処しか取れなかった。家族は担任に対して不信感を抱く一方，教師は子ども自身と家族のしつけの悪さ，特に父親の態度を問題の原因にしていた。この両者の否定的な相互作用は繰り返し維持され，子どもの不登校に至ってはじめて，親は教育相談に来室せざるをえなくなった。Thは，この相互作用が肯定的に変化するためには，家族だけでなく，学校組織，特に担任の協力を得ることが必要と考え，両者を含むクライエント・システムと関わった。

2．家族神話と儀式の処方

　子どもが不登校になり，母親が不眠，めまいなどの症状に苦しんでいるので，家族がまとまり，協力する必要があった。そのために，Thは，日曜日の外出，家族が手を重ね合う「許しと約束」の儀式，誕生パーティなどを課題として家族に提案した。両親はこれらの課題にのり，協力した。家族は大きく変化し，毎週のように海，プール，自転車乗りへと出かけ，また，父親は仕事場から家に電話を頻繁に入れるようになった。さらに，父親は自発的に祈りを込めて，子どもにミサンガーをプレゼントした。

　母親は，担任から問題といわれる子どもの行動は自由保育にあると思っていた。また，父親は，息子の行動をガキ大将の行動として，特に問題にはし

ていなかった。そして，子どもに「正義」を説いて聞かせていた父親には，子どものけんかには正当な理由があると信じていた。この家族には，父親の影響が大きいと思われるが，「正義」と「強さ」を大事にする神話があるように思われた。この家族神話も彼のいわゆる問題行動の一役を担っているように思われた。「強さ」の家族神話だけが表面に出た子どもの行動は，保育所や学校という集団では問題になってしまった。しかし，リソースともいうべき，この家族の子どもに対する信頼と愛情が家族の一層のまとまりをもたらしたものと思われる。

　Thは，子どもが登校しやすい状況を作り上げるために，母親の協力で彼が友達を招待してホームパーティを開くことを課題として提示した。そして，実際に，彼はそのパーティの翌日から登校し始めたのである。また，彼の得意な工作を利用して，悪い面を追い出し，よい子に変身するためのグッズ作りを彼に提案した。子どもは，この課題に始めはのり，変身のためのメダルを作り，それを筆箱に入れて登校した。しかし彼は，Thが課題として提示した変身のための絵を描いて来なかった。また，夏休み中に作成したホルダーも変身グッズだとは言わなかった。彼は，自分が「よい子」になったのだという自分の信念をThに貫き通したものと思われる。

3．教師へのコンサルテーション

　担任は積極的にコンサルテーションに応じた。それだけ，彼の行動への対処に困っていたものと思われる。確かに彼のような衝動性の強い子が一人クラスにいるだけで，クラスシステムが混乱し，他にも多くの児童を抱える教師がその対処に窮することも理解できる。担任は彼の一連の否定的な行動を問題としてThに訴えたが，彼の肯定的な面も見ていた。コンサルテーションを通して，担任は家庭との連絡帳に彼の肯定的な面を書くことや彼に目立つ係を任せた。さらに，自らの工夫として何度か座席替えを行うことで，彼の変化を期待した。しかし，その効果が見られたものの，長くは持続しないので，再び，彼の否定的な面を見てしまう。このような肯定－否定という見

方の波の中で，やがて，担任は彼の肯定面をより多く見出すようになり，彼に対する指導に自信と希望を持ってきた。しかし，新学年に入ると，彼への対処に再び手を焼き，今度は管理職を巻き込むことになった。管理職からの支援を得るための担任の行動が，管理職による親への非難を導いた。そのために，家族と担任との追加面接がなされたのである。

4．教師システム内の協働的相互作用

　教師システムは教諭と管理職から構成されている。コンサルテーションを離れて，担任は何とかクラス経営ができていたが，やはり，彼の乱暴な行動に対処しきれず，管理職に支援を求めた。しかし，管理職の焦点は親に向けられ，親のしつけを非難することになった。そのため，親は今まで以上に学校に対して怒りと不信を抱くようになった。Th は学校訪問をして，管理職に担任の支援を学校全体で行うこと，また，親の非難ではなく，特に担任の情緒的支援をすることを提案した。その後，管理職はすぐに父親に謝罪の電話を2度入れた。また，学校全体が担任の大変さを理解し始めてからは，担任にはその後の彼の行動は大きな問題とはならなかった。その意味で，この教師システムへの介入がより早期になされていたら，担任の動揺は少なかったと考えられる。

5．ブリーフセラピー・モデルによる長期的支援のあり方

　ブリーフセラピーの特徴は「短期」にあるのではなく，むしろ，セラピーの考え方にある（宮田，1994）。ケースによっては解決が長期にわたる可能性があるし，長期的なフォローアップが必要なこともある。それゆえ，セラピストには，どれだけセラピーに時間がかかるかではなく，あくまでも，クライエントにとって何が最良な解決かという視点が求められる。(Lipchik, 2002)。ADHDのようなケースでは，教師の見方と扱い方次第で，学校における子どもの行動は大きな問題にもなりうる一方，問題として見られない可能性もありうる。私たちは，学校の内には，家族と同様に，解決のリソース

と力があると信じている。仮に，子どもの長い教育期間の間に，時には担任の対処の限界を超えた出来事が起きても，学校全体がいつでも担任を支援できるシステムができていれば，問題は短期に解決すると考えられる。その学校の支援システムの一つの選択肢として，専門家による適宜のコンサルテーションも位置づけられるように思われる。

6．ブリーフセラピーと動作法との併用の可能性

本児のような衝動性の強い子どもの場合，自己－衝動的行動という自己システム内の相互作用に対しても，動作法を併用して介入することがより効果的であったかもしれない。動作法導入の可能性は初回面接時からあった。というのは，セラピストは腕相撲を通して，子どもの手首への力の入れ方をすでに評価していたからである。そして，確かに，彼には肩の緊張のために，手首に力がうまく入らないという動作の問題が見られた。このように，腕相撲導入法（宮田，2002）により，動作法を導入する種はまかれてはいたが，セラピストは家族と教師との協働を優先したためにブリーフセラピー・モデルによる介入を行なった。

ただ一つ，母親に対しては，ふらつきのために立位の維持に困難をきたすという切実な現実的問題があったので，その解決のために動作課題が提案され，その効果も確認できた。母親には幸い，スキーの経験があり，彼女は足の踏み締めの感覚を自ら喚起できたのであろう。

一般に心理療法において，不安状況で，クライエントをリラックスさせる方法はあっても，逆に力を入れて，意図的に緊張してもらう方法はないように思われる。その点，宮田（2002）が指摘したように，動作法のセラピー的意義は，まさに，ふらつき感とその不安という問題状況から，解決課題としての立位の維持へのディストラクション（注意の向け直し）にあると考えられる。

7．まとめ

この事例では，子どもの衝動的行動が顕著であったけれども，その一方で，

子ども自身の能力や優しさ，家族の子どもへの信頼と愛，さらに，担任の子どもへの愛と肯定的な観点など，それぞれの人の内にすばらしいリソースが内在化されていた。しかしながら，ともすれば，長期化してしまう，このような子どもの問題を効果的に解決するには，子ども自身，および，子どもと関わる人たちのリソースが協働的に引き出されるだけでなく，学校組織全体，および，地域社会全体の支援も必要となるのである。

本稿は，2005年の「リハビリテイション心理学研究」，第32巻2号に掲載された論文を一部修正したものである。

引用文献

Holowenko, H. (1999) Attention Deficit/Hyperactivity Disorder: A Multidisciplinary Approach. Jessica Kingsley, London.（宮田敬一監訳（2002）親と教師のためのAD/HDの手引き．二弊社）

Lipchik, E. (2002) Beyond Techniques in Solution-Focused Therapy. Guilford Press, New York.

宮田敬一(1992)ストラティージック心理療法：ストラテジーの共創出と治療的儀式．ブリーフサイコセラピー研究，1;138-148.

宮田敬一(1994)ブリーフセラピーの発展．(宮田敬一編)ブリーフセラピー入門，金剛出版，pp. 11-25.

宮田敬一(1996)ストラティージック・セラピーの治療的枠組み．(日本ブリーフサイコセラピー学会編)ブリーフサイコセラピーの発展，金剛出版，pp. 87-98.

宮田敬一(1998)ブリーフセラピーの学校への適用．(宮田敬一編)学校におけるブリーフセラピー，金剛出版，pp.9-23.

宮田敬一(2002)心理療法における動作法体験の意義と効果．リハビリテイション心理学研究，30;1-8.

成瀬悟策(2000)動作療法．誠信書房．

Winslade, J. & Monk, G. (1999) Narrative Counseling in Schools. Sage, Thousand Oaks, CA.（小森康永訳（2001）新しいスクール・カウンセリング．金剛出版）

自閉症児との関わりで
ブリーフセラピーが役に立つこと

菊池悌一郎

　サトシはセンターに来ると，一人でプレイルームに入っている。予約の時間になるのを待って，私は入室し声をかける。
「サトシくん，おはよう」
「……おはよう」
　彼は，短くあいさつをするが，こちらを見ることはない。
「今日は何をしようか？」
　私が続いて問いかけると，いかにも（ショウガナイナァ）と面倒くさい感じでありながらも，サトシは答える。
「紙はないの？　色鉛筆は？」
　紙と色鉛筆を準備して，彼に手渡すと，すぐさまイラストを描き始める。サトシはイラストを描いたり，工作をしたりするのが得意である。あっという間に，何かのイラストが色つきで完成する。
「サトシくん，これは何ていうの？」
　私が，描かれたイラストについて尋ねると，早口でその名前を言ってくれる。
「え，何って？　もう一度教えて」
　こちらが聞き返すと，また（ショウガナイナァ）といった感じで，もう一度名前を言ってくれる。
　しかし，彼が早口で言うのに加えて，私にはなじみのない単語であることもあり，やはり聞きとれない。

私がわからないでいると，サトシは今度は描いたイラストのそばに，その名前をカタカナで書いてくれる。それは彼が自宅で遊んでいるテレビゲームのキャラクターであるらしい。ようやく私が理解すると，サトシは次のイラストを描くのにとりかかるのである。

この時，サトシは，自分の好きなゲームのキャラクターを描くという活動を楽しみ熱中しながらも，一方で私の存在を意識し，その楽しみや関心を共有しようとしているように思えるのである。

I 自閉症の特徴と思春期以降の問題

発達障害の一つである，自閉症（自閉性障害：Autistic Disorder）については，以下のような特徴があげられている（American Psychiatric Association, 2000）。

①対人的相互反応における質的な障害

　　アイコンタクトや表情，身振りを用いて，人との関係を形成・維持することが難しかったり，楽しみや興味，達成感を他人と共有することを自発的に求めることがみられなかったりする。

②コミュニケーションの質的な障害

　　話し言葉の発達が遅れたり，他人と会話を開始し継続するのが難しかったり，ごっこ遊びや物まね遊びがみられなかったりする。

③行動，興味，および活動の限定された反復的で常動的な様式

　　手や指をばたばたさせるといった動きや，特定の「型」，習慣や儀式に強い興味や熱中，こだわりを示す。

3歳までに，このような特徴を現すとされている。

このような特徴を持つ自閉症に対しては，就学前から，さまざまな療育や訓練が行われている。また学齢期には，必要とされる支援の程度などによって，通級，特殊学級，養護学校にて指導が行われている。

しかし思春期（青年期）以降の自閉症の中には上述の特徴もあって，特に学業や就労において，問題を持つケースもある。

小林(1999)によれば，青年期以降の自閉症では，表1のような問題（病態）がみられるという。彼らは，「環境の変化に柔軟な適応が困難なため，（彼らは）日々の生活の中で心理的葛藤を起こしやすい（神経症様症状）」ということである。具体的には，強迫症状，恐怖反応，不安反応，登校拒否（不登校）である。また，この時期，「幼児期に顕著であった多動の改善と相前後して意欲低下や自発性欠如が出現しやすい（意欲低下・自発性欠如）」ということである。

表1　青年期・成人期の自閉症にみられる病態 (小林，1999)
てんかんの発症
病的退行と病態の改善
心身症その他の身体疾患
神経症様症状
精神病様症状
性的問題
青年期パニック
自傷行為・攻撃的行動
意欲低下・自発性欠如

このような問題を示す思春期以降の自閉症児に対しては，これまでの療育や訓練をはじめ，さまざまな生活体験を通して，身につけてきた資質や能力を活用しながら，本人の適応や成長をサポートするという視点が，重要であると思われる。

それではブリーフセラピーのモデルや発想などが，自閉症児との関わりにおいて，どのように役立つのか，ここでは不登校の問題で来談した思春期の自閉症児のケースを報告して検討したいと思う。

II　ケース：サトシ

サトシとはじめて会ったのは，彼が中学2年生の時であった。

ある年の5月，母親に連れられて，大学の心理臨床センターにやって来たサトシは，当時13歳，特殊学級に在籍していた。色白でひょろりとした体型であり，155cmくらいの身長であった。

サトシは3歳の時，ある県の児童相談所にて自閉症の診断を受けていた。小学校では普通学級に在籍していたが，5年生より通級による指導を受けるようになった。6年の時，今住んでいる県に引っ越した後は，特殊学級へ在籍していたが，その2学期から不登校気味であった。

中学進学にあたって，教育委員会からは養護学校へ進学するよう勧められたが，結局地元の中学の特殊学級へ進んだ。中学1年生の時の担任は，うまく本人の興味に合わせて，工作をしたりパソコンを教材としたりするなど対応して，本人も何とか登校していた。

　しかし2年生になり担任が替わると，サトシへの対応は，どちらかというと管理的なものになったという。その頃から学校ではチャイムの音に耳を押さえるといった行動が見られ始めていた。

　5月のある授業中，苦手な算数のプリントをやり切れず，サトシはかんしゃくを起こしてプリントを丸めてゴミ箱に捨てたのを，担任らに見咎められた後，パニックを起こした。それからは，不登校の状態が数週間続いていた。

　家庭でのサトシは，居間などで寝そべっていることが多く，不登校となりそのような時間がますます増えていた。彼は好きなアニメ番組をみたりゲームをするほかは，これといった活動をしていないと母親は心配していた。

　センターにやって来たサトシと関わりながら観察すると，プレイルームの玩具に興味を示し遊びながら，こちらの問いかけにも不十分なものではあるが応じることができていた。ただ持参のマンガ雑誌を常に持ち歩くといったこだわりや，家庭での様子と同じようにすぐにプレイルームの床やトランポリンに寝そべってしまう様子が見られた。

　ここでは，サトシとの関わりについて，いくつかのエピソードを紹介する。

1．お買い物と『だんご3兄弟』

　プレイルームにあるトランポリンを見つけたサトシは，その上に寝そべってしまう。私が声をかけても，無視したり拒否したりして，トランポリンから動く様子ではない。

　そこで，私はトランポリンを車にみたてる。トランポリンは下の部分についた小さな車輪で移動が可能である。サトシをトランポリンに乗せたまま，

私がそれを押していく。
「このままお買い物に行こう」
私は提案し，しばらくトランポリンを移動させて尋ねる。
「どこに行こうか？　何を買おうか？」
「ゲーム屋」
サトシが短く答える。すっかり買い物に向かう車上の人のようである。
「さあ，ゲーム屋さんに着いたよ」
私は，そばにあったホワイトボードに"ゲーム屋"と書き，そのままボードの後ろ側にまわる。後ろ側から出てきた私は，今度はゲーム屋の店員となる。
「あ，いらっしゃいませ！　どんなゲームが欲しいですか？」
「ポケモンのゲーム，ないの？」
ボードにゲームソフトとして，数個の長方形を私が描くと，サトシはトランポリンに乗ったまま，指差しで，自分のほしいポケモンのソフトを選び，買い物ごっこをした。

その他にCD屋さん，本屋さんにも出かけた。本屋さんの買い物では，『だんご3兄弟』の絵本をほしがるサトシに，絵本を作ることを提案した。
サトシは，紙を二つに折り，ホチキスで端をとめて冊子を作った。表紙にクレヨンで『だんご3兄弟のえほん』と題名を自分で書き，それから，1ページずつイラストを，クレヨンで描き始めた。彼が絵本を作っていくのを，横で見守りながら，私はいろいろコメントしていった。しだいに出来上がっていく絵本をみていて，気がついた私は思わず声をあげた。
「あれ，これは，『だんご3兄弟』の歌のとおりだ！」
彼は，歌詞に合わせて，ページごとにイラストを描いていたのである。
「そうだよ。……フフフ」
サトシも得意そうである。
裏表紙に1,000円と値段を書いて『だんご3兄弟』の絵本は完成である。本が完成した後，二人で『だんご3兄弟』を，絵本を見ながら歌った。

２．プロレスで記念写真

　プレイルームにある空気を取り込んで膨らませるエアートランポリンは，サトシのお気に入りである。プレイルームに入ると自分で送風機のスイッチをいれ，膨らんできたエアートランポリンに体を投げ出し，フワフワした感触を楽しんでいる。
「おーい，サトシくん，出ておいでよ」
　トランポリンの外側から，私が声をかけても，寝そべったまま，いっこうに出てくる様子ではない。
　そこで，私もエアートランポリンの中に入れてもらう。フワフワしていて，やはり気持ちいい。トランポリンの中で，私が跳んだり跳ねたりすると，寝そべっていたサトシもその反動で体が宙に跳びあがり，楽しそうな声をあげる。
　そのうちトランポリンをリングにみたて，中で動物のぬいぐるみを投げたり踏みつけたりして遊ぶ。プロレスごっこである。
　私が１メートルほどある，巨大なクマのぬいぐるみを抱えて持ってくるのに気づくと，彼が興奮した声をあげる。
「うわー，大きいのが来たぞぉ」
「勝負だ！」
　私がぬいぐるみを後ろ側から操作し，サトシとバトルすると盛り上がる。
「うぉー，うぁー」
　サトシは大声をあげて，激しくトランポリンのフワフワした中を，走りまわったり，転げまわったりする。
　しばらく，はげしい動きをした後，私が提案する。
「試合の後の記念撮影をしよう」
　サトシは試合に参加した数個のぬいぐるみをトランポリンの中壁にたてかけ並べると，真ん中に陣取る。
「はい，チーズ」
　私が，両手の指で四角の形をつくり，あたかもカメラを持って写真を撮る

ふりをすると，サトシもピースサインをだしポーズをきめる。
「今度はサトシくんが，写真撮って」
　役割の交代を私が求めると，サトシは，私と位置を入れ替わり，同じように指を組み合わせ四角にして，カメラの形を作り，写真を撮るふりをした。

3．魔法の"カイカイ棒"

　プレイルームの玩具置き場のかごの中から，サトシは長さ50cmほどのプラスチックの棒を見つけた。それまでちいさなプラスチックのボールを相手に投げ合って遊んでいたが，この棒を見つけるとサトシは，それを手に持ちボールをはじいたりしながら，近づいてきて，私を棒で叩こうとしてきた。
「サトシくん，痛いよ，やめてよ」
　私が痛がっても，彼にはあまり通じない。かえって，こちらの反応を楽しんでいるようでさえある。
　サトシから棒を取り上げるのも大変そうである。そうこうしているうちに，またサトシがやって来て，棒で叩こうとしてきた。
　そこで今度は棒が少しでも体に触れた時点で，今までと違った反応をしてみせた。
「あ，体中がかゆくなってきたぞ！　かゆい，かゆい，カイカイ，カイカイ」
　サトシが棒を私の体に当ててきたら，今までは"痛がっていた"のを変えて，全身が"かゆくなる"ようにしたのである。
　意外な私の反応に，サトシの動きも一瞬止まった。私はたたみかけるように続ける。
「カイカイ，あー，サトシくん，何かこの棒でさされると，体中がかゆくなっちゃうよ！　カイカイ」
　はじめは驚いていたようであったサトシも，私のこの新しい反応をおもしろがり，楽しそうな声をあげる。
　何度か繰り返していくと，棒で私を叩くよりも，チョンと触れるだけで，

私が全身でかゆがるというほうがおもしろいのだろう，結果的に私を叩くという行動はなくなってしまった。

単なるプラスチックの棒が，魔法の"カイカイ棒"に変わったのである。

そのうちまた別の遊びに展開した。今度は，サトシはこの棒を私の背中に突きつけて命令する。

「前にいけ」「右に曲がれ」

私をリモートコントロールのついたロボットのように，カイカイ棒を使って，思いのまま操縦しようとしてきた。サトシが命令し，私が彼の言うとおり前進したり後退したりして動く。こんなロボットごっこの遊びがしばらく続いた。

それから，私が彼から棒を受け取り，同じように彼の背中に突きつけてみると，サトシもロボットの役割をとり，私の言うとおり動いてみせてくれたのである。カイカイ棒の魔法であった。

サトシは，約5年間，毎週か隔週の頻度で母親と来談した。彼の不登校は解消されないまま中学校を卒業したが，その後もケースは継続した。卒業の1年半後より，自立支援施設にも通所するようになった。また，家庭では，母親のさまざまな働きかけの結果，ふろ掃除や庭木の水遣りといった手伝いをするようになった。また常に持ち歩いていたマンガ雑誌の代わりに，母親が彼にカバンを持たせるようになってからは，そのカバンにいれた財布を使って，一人で買い物をするようにもなった。

私の所属がかわるのを機に，終結することになった。その後は，自立支援施設へ毎日通所するとのことであった。

終結直前のあるセッションに来たとき，乗り合わせたエレベーター内で，ふとサトシを見ると，こちらが見上げるほどの身長になっていた。

「サトシくん，背が高くなったねぇ」

私が言うと，彼は手を伸ばし，私の頭の位置と自分の頭の位置を比べるしぐさをする。

「ふぅーん」

鼻で笑うような声を出しただけで，サトシは何も言わなかったが，その得意げな表情から，(オマエヨリ，オオキクナッタゾ) というメッセージが伝わってきた。

(ああ，サトシくんは，ずいぶん大人になったんだなぁ)

この時，私はこんな思いを持った。それは，単に彼の身長が私を超したことからだけでなく，彼の全体から感じさせられるものであった。

Ⅲ　コンテクストをかえ，そして共有する

当初，サトシは，思春期（青年期）以降の自閉症にみられる「神経症様症状」「パニック」「意欲低下・自発性欠如」を呈していたと思われる。特に，学校という社会的な場面から引きこもった不登校状態にあり，「意欲低下・自発性欠如」が顕著であった。彼は家庭では，ほとんど居間に寝そべったりして過ごしていた。そのような状態を母親が苦慮し来談に至っていた。

そこでこのセラピーでは，まず彼の活動性を引き出し高めることをねらった。そのために，彼の興味や関心に合わせて関わることによって，活動性を引き出そうと考えた。彼が，描画や工作が得意であることは，最初に母親からの情報を得ていた。登校できていた中学１年の時の担任は，授業で図画工作的な課題やパソコンなどを使っていたのである。また母親は問題視していたが，彼はアニメ番組やテレビゲームが好きであることがわかっていた。そこでセラピーでは，ゲーム屋や本屋に買い物に行くという遊びや絵本作りという活動を提案した。

このように彼の興味や関心の対象に合わせた関わりをしていくと，彼がさまざまな能力や活動性を発揮するだけでなく，さらに新しい展開がみられてきた。

それはエピソードで述べたように，「私」に対して彼が注意や関心を向け始めたのである。絵本を作った後に一緒に歌ったり，プロレスをした後にお互いに記念写真を撮ったり，あるいは棒をつかった遊びからロボットの役割

表2　コンテクストの変更と共有する体験

	古いコンテクスト （問題／停滞）		新しいコンテクスト （解決／活動）	展　開 （共有する体験）
エピソード1	行為：トランポリンに寝そべる。	→	行為：買い物に行くために車に乗っている。	絵本作り，一緒に歌う。
エピソード2	行為：エアートランポリンに寝そべる，出てこない。	→	行為：リングの中で，プロレスする，転げまわる。	記念写真を撮る。
エピソード3	行為：棒で叩く。	→	行為：カイカイ棒でつつく。	ロボットを交代する。

を交代したりして，「私」とその活動を共に行うという展開がみられたのである。

　自閉症児の特徴として，楽しみや興味を自発的に他者と共有することがみられない，難しいことがあげられている。しかしここで，サトシはこのような活動を通して，私と自分の楽しみや興味を共有しようとしてきた。

　針塚（1998）は「自閉症児の注意や関心は，その注意・関心を向ける対象の問題ではなく，その注意・関心を喚起させようとする他者への関心や注意が前提となっている。（中略）彼らにとっての有意味な他者の幅は狭いのかもしれないが，彼らが意味化した他者への注意と関心には留意して対応する必要がある」と述べている。

　このように，自閉症児との関わりにおいては，自閉症児が注意や関心を向けるような，有意味な他者に，セラピスト自身がなることが重要であるようだ。すなわちサトシにとって有意味な他者に私がなること，このためには，どのような関わりが有効であったのだろうか。その一つは，「コンテクスト」を変えることだったのではないかと考えられる。ベイトソン（Bateson, 1972）によれば，コンテクストとは一つ一つの発話や行為を意味づける枠組みのことである。

　表2のように古いコンテクストでは，問題とされてしまうサトシの行為も，新しいコンテクストでは，その後の展開へとつながるような行為となってい

る。コンテクストを変えることで，彼の興味や得意な活動を引き出し，セラピストは有意味な他者となったのである。

　新しいコンテクストでは，サトシが役割をとったり（たとえば，ロボットの役をする），私と楽しみや興味を共有しようとする（たとえば，一緒に歌う）といった展開がみられた。このようなことは，サトシのような自閉症児が，他者とはなかなか持ちにくい体験であると思われる。

　コンテクストを変えることで，他者と自分の楽しみや興味を共有する体験を持つ。このような小さな体験を繰り返していくことが，彼の変化や成長へとつながっていったものと考えられる。

IV　おわりに

　サトシとの関わりでは，特別な技法や介入といったものは意識していなかった。しかし本人の興味や関心を利用して，彼の活動性や能力を引き出し，展開していくという関わりは，ブリーフセラピーの発想そのものである。また，コンテクストを変えるというのは，ブリーフセラピーの技法であるリフレイミングと同じことであろう。ブリーフセラピーのモデルは，自閉症児をはじめ，支援を必要とする子どもたちとの関わりにも，さまざまなヒントを与えてくれるものであると思われる。

引用文献

American Psychiatric Association (2000) Quick Reference to the Diagnostic Criteria from DSM-IV-TR. American Psychiatric Association, Washington D.C.（高橋三郎，大野裕，染矢俊幸訳（2002）DSM-IV-TR　精神疾患の分類と診断の手引き．医学書院）

Bateson, G. (1972) Steps to an Ecology of Mind. Ballantine, New York.（佐藤良明訳（2000）精神の生態学　改訂第2版．新思索社）

針塚進 (1998) 自閉症児の情緒的関わりの特性．教育と医学，544；31-37.

小林隆児 (1999) 青年期・成人期の自閉症．（中根晃編）自閉症，日本評論社，pp. 115-134.

特別支援教育コーディネーターとしての子どもとの関わり

青木美穂子

I　はじめに

　小・中学校の学習指導要領が2003年に一部改定された。改定の趣旨は，学習指導要領に示す基礎的・基本的な内容の確実な定着を図ること，各学校の裁量による創意工夫を生かした特色ある取り組みを行うことなどである。その具現化を図るため学校では「学習内容の習熟の程度に応じた指導」や「補充的な学習や発展的な学習を取り入れた指導」を工夫している。また，特色ある学校づくりのために地域の教育力を生かした総合的な学習の時間の工夫や学校支援センターを立ち上げての放課後の子どもの居場所づくり等も始まってきている。

　このような課題の山積する中で学校の教職員の定数は決められており，加配教員がどの学校にも十分に配置されるとは限らない。一人ひとりの習熟度に応じたきめ細かな指導を目指して，学校現場ではできるだけの努力をしているが，習熟度別学習クラスにしても対応しきれない個別の支援を必要とする児童がどこの学校にも在籍しているというのが現状である。特殊教育から特別支援教育へという変化の中で，普通学級に在籍する個別の支援を必要とする児童にも支援を広げようという考えの基に，学校の中にいる一人として筆者が行ってきた特別支援教育コディネーターとしての実践を紹介する。

Ⅱ 特別支援教育コーディネーターについて

　平成16年1月に文科省より公表された「小・中学校におけるLD（学習障害），ADHD（注意欠陥／多動性障害），高機能自閉症の児童生徒への教育支援体制の整備のためのガイドライン（試案）」において，すべての盲・聾・養護学校及び小・中学校において，特別支援教育コーディネーターを指名し，校務分掌に明確に位置づけることが求められた。

　管内小・中学校においても，特別支援教育の推進役として17年度より各学校で特別支援教育コーディネーターが指名され，活動を始めた。文科省によれば，特別支援教育コーディネーターは，学校内の関係者や外部の関係機関との連絡調整役，保護者に対する相談窓口，担任への支援，校内委員会の運営や推進役といった役割を担っているとされている。

　文科省が挙げる具体的な活動には，子どものアセスメントや子どもに対する直接的な指導は含まれていない。それらは専門家チームや巡回相談員が担うことになっている。しかし，学校現場で支援を必要としている児童や保護者の数に対し，地域によって違いもあるがほとんどの地域で専門家や巡回相談員の数が不足しているのが現状である。校内の支援を必要とするすべてのケースについて，アセスメントから個別の指導計画の作成まで専門家チームに依頼することは，実際問題として考えにくい。

　このような学校の現状を考えると，校内にいて学校外の専門家や巡回相談員との連携を保ちながら，その活動を補うという役割も特別支援教育コーディネーターには大切なものになってくる。同じ学校内にいるということで，学級における学習場面でも，休み時間や放課後の生活場面でも，子どもを日常的に観察でき，直接話しかけたり，指導を分担することも可能となる。担任の教師とも校内委員会等のフォーマルな場での連携以外に職員室でのインフォーマルな会話の中での情報交換や助言等の機会も多くある。これらの日常的な学校生活の中での関係調整的な活動が校内にいるコーディネーターの役割として重要なものであると考えている。

特別支援を必要とする子ども一人ひとりの中に内在する，その子どものリソースを活用して，一人ひとりのペースを尊重しながら学習能力・生活能力を高めていくこと，校内・校外のリソースを効果的・効率的に利用していけるよう調整すること等ブリーフセラピーの考え方から学ぶものは大きい。ここに筆者がブリーフセラピーの体験を踏まえ，校内の特別支援教育コーディネーターとして，自校で実践してきたことの一端を子どもとの関わりを中心に紹介する（匿名性を高めるため内容を損なわない程度に改変した）。

Ⅲ 事例1 小学校6年女子 A子 ADHD傾向

1．個別指導に至る経過

A子が小学校2年生の時，当時の学級担任より「集団登校ができない。授業中にそわそわと落ち着かない。忘れ物が多い」等の相談を受けた。A子の学年は1年生の時，21人の2クラスであったが，2名が転校し，40人の1クラスになってしまった。1年生の時の2倍の児童に一人の教師という状況の中で，A子の不適応行動が顕在化し教師の相談になったものである。

担任に「ADHDのためのDSM-Ⅳ診断基準」による観察を依頼した。その結果，「不注意性」の症状九つ中九つ，「多動性」の症状六つ中二つ，「衝動性」の症状三つ中0であった。筆者が保護者の了解を得て校内で実施したWISC-Ⅲの結果はFIQ 78で，動作性優位で，下位検査がアンバランスであることがわかった。担任の観察とWISC-Ⅲの結果をもとに校外の特殊教育の専門家に相談をし，ADHDの児童を指導する配慮事項と学級でできる具体的な支援についてのアドバイスを受けた。コーディネーターとして学級担任に専門家のアドバイスを伝え，特別支援校内委員会でA子についての共通理解を図り，学校全体の教職員がA子に適切に関われるようにした。

A子は5年生まで学級担任の配慮のもとに学級で学習するが，基礎的・基本的な学習内容を定着させるためには個別指導が必要であるという担任の要望を校内委員会で検討し，保護者の了解を得て6年生から特殊学級（特学）の教室で特学担任と筆者で週に4時間の個別指導を実施することにした。

2．A子の個別指導計画作成

学級担任と特学担任と筆者でA子の個別指導計画を作成する。

1）児童の実態
- 加減乗除の基礎的な計算が定着していないが，作図等は得意である。
- 漢字が読めないために本を読むことができないが，挿し絵や教師の話から，おおよその内容は把握することができる。
- 絵を描くことが好きである。特にイラスト等を上手に写して描くことができる。
- 整理・整頓が苦手で忘れ物が多いが，学級集団で友達と一緒に行動することはできる。

2）長期目標
- 加減乗除の基礎的な計算ができるようになる。
- 難しい漢字には仮名をふって，国語の教科書を読めるようになる。
- 学校で必要なものをメモし，自分で揃えられるようになる。

3）短期目標（1学期，以後学期ごとに見直す）
- 九九表を使ってのかけ算と2桁のくり上がりのたし算・くり下がりのひき算ができる。
- 仮名をふって教科書を読むことができる。
- 必要なものを連絡帳に書くことができる。

4）指導方針
- 算数の時間に特学の教室で筆者が中心となって個別指導を実施する（週4時間）。
- 指導内容は算数の基礎的計算と国語の補充学習（漢字に仮名をふる等）とする。A子が成就感や達成感を味わえるようスモールステップで学習内容を構成する。
- 手先が器用で絵を描くことや操作活動が得意なこと（A子の内的リソース）を生かして学習の動機づけをする。また，学級の友達・担任以外の学校内の教職員・保護者（A子の外的リソース）がA子をよりよくサポ

ートできるよう適切なアドバイスをしながら協力を要請する。

3．A子との関わり
1）1学期の個別指導：算数の基礎的計算指導と生活指導を中心に

　初回個別指導の日，A子は教室の入り口でもじもじと立っていた。迎えに行って〈よく来たね。今日から一緒に勉強しようね〉と教室内に案内した。同じ教室で学習する子どもが3人いて，一人ひとり違う課題で取り組んでいるため，自分の課題に集中しやすいように3人の机を離し，向きも互いが視角に入らないよう教室環境を整えた。席についてA子に〈姿勢がいいね。さすが6年生〉と声をかけると，恥ずかしそうに少し笑った。〈今日は何を持ってきましたか？〉と勉強に必要な物の確認をしていった。〈そうだね。算数の教科書とノートがあるね。下敷きも持ってますね〉と揃っているものを認め，筆箱の中身の点検に入った。筆箱の中には，芯の出ていない鉛筆2本とボールペンと消しゴムの他に，キャラクターのシールと小さな人形が入っていた。〈ふーん，こういうのが好きなんだ。これは何ていうの？〉と聞くと，嬉しそうにキャラクターの名前を説明してくれた。しばらくキャラクターの話を聞いて，〈とっても大切にしているんだね。こういう大切なものは，勉強に使うものと分けて入れる方がいいと思うのだけれど，どうですか？〉と問いかけるとコクリと頷いた。A子は自分で学習に必要なものと不必要なものを分け，シールや人形を筆者の用意した小袋に入れた。鉛筆も削らせて，〈すごいね。これで準備OK？〉と聞くと「OK」と嬉しそうに言った。

　算数の学習は，用意しておいた2桁の繰り上がりのないたし算のプリント（10題）を提示すると，すぐに取りかかった。机の下で隠れるように指を使って計算しているので〈指を机の上に出して使ってもいいよ〉と言うと照れくさそうに指を机の上に出して計算した。指は爪を嚙むので，ほとんど爪がなくなっていた。10題の計算問題をだいたい3分ですることができた。〈スゴイね。3分でできたね〉と言うと嬉しそうに微笑んだ。

　以後，計算プリントは3分以内でできるものを用意し，途中で注意がとぎ

れることのないようストップウォッチを使って時間を計ってすることにした。はじめのうちは筆者が時間を計っていたが、A子はストップウォッチに興味を示し、〈自分で計ってみる？〉と言うと、嬉しそうに手にとって操作していた。計算することや数を数えることなど、「何分で、できる？」と目標を自分で立てて取り組むと、最後まで集中力が続くことが多かった。

　6月に修学旅行があり準備が必要になってくるが、旅行の持ち物が揃っていない状況だったため、筆者が家庭に連絡し、母親に修学旅行で必要な物を揃えるのを手伝ってほしいと依頼した。A子は家庭に帰ると学校のことは何も言わないということがわかったので、A子と『修学旅行のしおり』を使って、必要なものをリストにしながら確認をした。持ち物の欄を拡大コピーし、一つ一つ家にあるかどうかを調べていった。ないものは買い揃えなくてはならないので、作ったリストを基に、そのことをしっかりと家に帰って言わなくてはならないことを約束した。放課後母親に電話をして、旅行に必要なものをA子が書き出したので、声をかけて一緒に揃えてほしいと協力を依頼した。翌日、〈持ち物はそろったの？〉と尋ねると、「お母さんと買い物に行って揃えた」と嬉しそうに答えた。A子がつくった持ち物リストにはしっかり〇がついていた。

　修学旅行から帰ってきたA子は、鎌倉の大仏が大きかったこと、お土産にクッキーを買ったこと、イルカがジャンプしたことなど旅行の話を楽しそうにし、図鑑を見て「こんなイルカだった」と上手にイルカの絵を描いた。

　2）2学期の個別指導：算数の基礎的計算指導と日常会話の練習を中心に
　2学期になり、算数の基礎的な計算は3桁のたし算とひき算プリントに進んだ。ストップウォッチの使い方も上手になった。かけ算九九は九九表を見なくても正確に言えるようになり、かけ算の筆算の練習を始めた。コンパスを使うことや図形の展開図を描くことは得意で、直方体の展開図を描いて箱を作る学習には喜んで取り組んだ。

　10月になり、A子が教室で目をしきりにパチパチさせるのが気になるという担任からの情報があった。特別支援の教室で筆者と学習している時には

そのようなことがないので気づかなかったが，教室での授業を参観してみるとグループでの話し合いや意見発表に時にＡ子はしきりに目をパチパチとさせている。緊張する場面でその行動が出やすいということがわかったので，担任と相談してＡ子が発表する時は事前に特別支援教室で練習させることにした。総合的な学習の時間の発表で，Ａ子が発表する部分の練習をはじめた。黒板に発表資料を貼り，〈これから調べたことを発表します，と言うんだね〉と言うと，Ａ子はもごもごと小さな声で繰り返した。〈そうだね，言えたね。教室には友達がいっぱいいるから，みんなに聞こえるように言えるともっといいね〉と励まし，練習を重ねた。何度か練習をすると自信がついてはっきりと言うことができるようになった。以後，Ａ子が発表する場面があると，担任が「練習しておいで」と発表原稿を持たせるようになった。

　Ａ子の学校生活の様子を見ていると，友達と一緒にいていつも友達の陰に隠れて自分が発言するということがほとんどない。友達もＡ子の代弁をしてやることが習慣になっている。Ａ子がソーシャルスキルとして，「失礼します」「ありがとうございました」「貸してください」等の日常会話のスキルを身につけることの必要性を感じた。そこで算数で筆算の答え合わせに使う電卓を今までは筆者が教室に持っていったのだが，毎回職員室に借りに行かせることにした。〈職員室にいる事務の先生のところに行って，電卓を借りてきてください〉と言うと，困った顔をした。〈どうすればいいかわからないの？〉と聞くと，目で頷いた。〈ここで練習してみようか〉とＡ子を誘い，「失礼します」など必要な会話をロールプレイで練習した。

　職員室の事務職員に様子を聞くと，恥ずかしそうにしていたが聞こえる声で話すことができたということだった。その後も折を見て，職員室に必要な物を借りに行くことや総合的な学習の時間の資料収集として外部に電話をかけることなど事前のロールプレイで繰り返し練習をしてから，自信を持って話ができるよう支援した。校内就学指導委員会でＡ子の様子を担任と筆者で話し，学校の全教員に協力を依頼した。担任と筆者は積極的にＡ子に"お使い"を頼み，Ａ子が学校の多くの先生と話をする機会をつくった。お使いを

頼まれ，指定された先生の所に行ってもじもじしているＡ子に〈どうしたの？　お使いに来たの？　何がほしいの？〉と聞いて，必要なものを渡していた先生方が，〈そう，えらいね，お使いに来てくれたんだね。ありがとう。画用紙を３枚くださいって言うんだね。言ってごらん〉と話しかけるようになった。先生方の協力のもと，学校生活全体がＡ子のソーシャルスキル・トレーニングの場となった。職員室でも，困った子としてではなく，よくお使いに来るかわいい子としてＡ子の話題が多く聞かれるようになった。Ａ子が目をパチパチさせる場面はずいぶん少なくなってきた。

３）３学期の個別指導：卒業に向けて

　３学期になり，総合的な学習の時間でまとめとして，自分で課題を見つけて調べ卒業作品として発表するということになった。Ａ子はなかなか自分の課題を見つけられずにいた。担任からの要請があり，３学期は算数の学習と卒業作品づくりをすることにした。自分の興味のあるものについて調べようということになり，興味のあるものを書き出し，その中からＡ子が選んだのは『金魚』だった。「金魚を家で飼っているので，金魚について調べたい」とＡ子が自分で決めることができた。課題が決まると図書室で資料を見つけ，模造紙にそれを描き写していった。Ａ子は絵を描くのが好きで緻密な絵を描くので，図鑑とよく似た金魚になった。〈すごいね。そっくりだね。写真みたいだ〉というと，顔一面に笑みをうかべ得意そうだった。色鉛筆で丁寧に色を塗り，卒業作品を仕上げることができた。〈こんなにいい作品ができたのだから，発表もしっかりできるといいね〉と言うと「はい」と答えることができた。「うん」ではなく，「はい」という返事にＡ子の自信が表れているように思えた。〈そうだね，自信作だものね。発表も上手にできるよ〉と励まして，発表原稿を作ること，発表原稿を基に発表練習をすることの指導をした。発表会では，多くの友達や保護者の前で，堂々と発表をすることができた。Ａ子の母親も子どもの発表の様子を嬉しそうに見守っていた。Ａ子は友達の「Ａ子さん，絵が上手だね。そっくりだね」という言葉に嬉しそうだった。発表後，Ａ子は卒業作品を丁寧に折り「持って帰る」と言って，大切

そうに持って帰った。身の周りの整頓できずに何でも置いていってしまうA子にとって，大切に持って帰ろうとするものが持てたという経験が貴重である。

　3月になり，卒業式の練習が始まった。はっきりと返事をして卒業証書を受け取ることなど，学級での練習に一生懸命に取り組んでいると担任から話を聞いた。「卒業生を送る会」の発表でも，自分の分担のせりふを大きな声で言うことができた。卒業式の前日，特別支援教室で卒業式の最後の練習を行い〈立派にできるね。中学生になるんだね〉と言うと，「はい」とはっきりと答えることができた。中学生になったら，柔道部に入るという抱負も語った。〈すごいね。ヤワラちゃんみたいに強くなるね〉と励ますと「ハイ」と元気よく答えた。

　A子は中学生になって，毎日休まず登校し，柔道部に入って頑張っているということである。

Ⅳ　事例2　小学校1年男子　B男　言語通級指導

1．個別指導に至る経過

　入学後間もなく，1年生の学級担任より「B男が"カ"と"コ"が言えない」という相談を受けた。担任が保護者にそのことを連絡したところ，保護者もB男の発音について「ちょっと，おかしいと感じている」ということだった。筆者が言語通級指導教室担当の先生に連絡を取り，どのような支援が必要なのか専門家としての意見を聞いた。難聴の疑いも含めて，諸検査を実施して特別支援の方針を立てた方がよいというアドバイスを受け，保護者の了解を得て，B男の検査実施に向け，日程調整を行った。

2．B男との関わり（言語通級指導教室の先生，特別支援巡回相談の先生と連携しながら）

1）初回個別指導（4月）：関係づくりと予備調査

　通級指導教室の先生と相談し，予備調査として筆者が音節復唱検査を実施

することにした。

　B男は小柄で，目のくりくりした男の子である。初回指導の日，面接室の入り口でもじもじと立っていた。〈よく来たね，一緒にお勉強しよう〉と声をかけると，緊張した様子で入ってきた。

　椅子に座らせて，筆者が自己紹介をし，〈お名前を教えてください〉と問いかけると自分の名前を小さな声で言うことができた。机の上に置いてあるストロー飛行機に興味を示している様子だったので，〈この飛行機よく飛ぶんだよ。飛ばしてみる？〉と問いかけると，はじめてにっこりと表情を崩し飛行機を手に取った。飛行機の飛ばし方を教え，一緒に飛ばしてみることにした。〈そうだね，少し上を向けるといいのかな。ふわっとね〉〈そう，その調子〉〈そう，そう。すごいね〉とB男の飛行機を飛ばす動きに合わせて声をかけた。自分で飛ばした飛行機を取りに行って，また飛ばしてと繰り返すうちに表情も柔らかくなり，行動も緊張したぎこちなさがなくなってきた。筆者も一緒に飛行機を飛ばしながら〈エイ！〉〈それ！〉〈トベ！〉等のかけ声をかけてみた。筆者の飛行機が遠くへ飛んだ時，〈B男君もエイってかけ声をかけるともっと飛ぶかもね〉と言うと，B男は「エイ！」とはじめて大きな声を出した。

　15分ほど飛行機飛ばしをして，〈お勉強が終わったら，もっと広い所で飛ばそうね〉と言って，検査を始めた。検査の結果「カ，コ，ク，ガ，ゴ，グ」の発音が不明瞭であった。検査終了後，約束どおり体育館に行って，飛行機を飛ばした。広い体育館で「エイ！」とかけ声をかけてストロー飛行機を飛ばした。飛行機を飛ばすたびに，〈すごいね，上手だね〉〈飛行機飛ばし名人だね〉等の言葉で励ますと，「エイ！」というかけ声がだんだん大きくなり，息を弾ませて動きも活発になっていった。体育館で飛行機を飛ばした後〈また一緒に勉強しようね〉と言葉をかけると，にっこりと頷いた。

　2）B男の個別指導計画作成

　学校内での筆者の初回指導（音節復唱検査）の後，通級指導の先生による言語の検査および聴力測定，特別支援巡回相談の先生によるWISC-Ⅲを実

施した。諸検査終了後，筆者・通級指導の先生・巡回相談の先生で支援会議を行い，B男の個別指導計画を作成した。担任は授業の関係で同席できなかったので，筆者が事前に学級での個別指導についての担任の意向を聞いておき，支援会議に臨んだ。以下，B男の言語に関する個別指導計画である。

〈児童の実態〉
- カ行音のタ行音への置換がある（"カ"と"コ"はタ行に置換している。また，カ行音が苦手であることを自覚している）。
- 声が小さく，会話の明瞭度が低い。

〈長期目標〉
- カ行音の発音が正しくできる。
- 十分な声量で，明瞭に話ができる。

〈短期目標〉（1学期，夏季休業に指導計画の見直しを行う）
- カ行音の単音段階での定着を図る。
- 現状よりも大きな声で話ができる。

〈指導方針〉
- 言語指導については通級指導の先生が指導計画を作成する。通級指導は月に1回とし，筆者が学校での個別指導を週に1回行う。指導方法については，適宜巡回相談の先生のアドバイスを受ける。
- 家族の協力を得るため，保護者への連絡は担任・筆者・通級指導の先生が共通理解を図りながら，それぞれの立場で行う。
- B男の兄（2年生）にも適切な関わりを持ってもらうため，兄の担任にも個別指導の状況を報告し，協力を得る。
- B男は運動能力が高く，友達と遊ぶことやゲームが得意なので，B男のリソースを生かして，学習の動機づけをする。

3）個別指導：カ行音の発音練習を中心に（1学期，2回～7回）

初回指導から3週間後の指導となるが，その間，登下校時，集会の時間や休み時間など顔を見かけると〈おはよう〉〈元気だね〉〈楽しそうだね〉〈頑張ってるね〉と声をかけていたので，筆者に対して顔見知りの先生という親

近感を感じている様子がうかがえる。

　教室から一人で来たことに対して，〈一人で来られたんだね，さすが1年生〉と声をかけると，にっこりと笑顔になった。〈金曜日にお勉強に行ってきたんだね〉〈お母さんと一緒に行ったんだよね〉と，頷くことで応えられるイエスセットの会話で2回目の個別指導を始めた。〈どんなお勉強をしたのかな，教えてくれる？〉と聞くと，「うがい」と小さい声で答えた。〈どういうふうにするの？〉とコップを二つ用意して手洗い場に誘い，うがいを一緒にすることにした。〈そうか，口に水を入れて上を向いてガラガラってするんだね。水を飲んでしまわないように気をつけるんだね〉とB男のうがいの動作に合わせて，ワンダウンポジションをとりながら動作を言語化していった。〈なるほどね，声を出してうがいをするんだね〉〈すごいね，上手だね〉〈ちゃんと水が口の中に残っているんだね〉と感心すると，得意そうに何度もうがいを繰り返した。〈どうしてそんなに上手にできるようになったの？〉と尋ねると「お母さんと練習したから。お兄ちゃんよりぼくの方がうまい」と嬉しそうに答えた。〈練習するとできるようになるんだね〉と練習していることを褒めた。前回よりも会話のリズムがスムースになってきており，お母さんと一緒に勉強に行ってきたことで自信を持っている様子がうかがえた。

　〈"カ"の練習もしたの〉と聞くと「うん」と答えて，息が多いが「カー」と聞こえる声で発音した。通級指導教室で練習したことで，自信がついた様子で「カー」と何度も発音できた。〈すごいね。すぐに言えるようになったね。それでいいんだね〉と認め，〈トランプゲームをしようか〉と誘うと，「する」と元気よく答えた。「カラス」「カメラ」「カッパ」「カバ」「カメ」の5枚のカードを筆者が持ち，〈この中で「カラス」はどれでしょう〉と言ってB男に引かせた。B男ははずれると悔しそうな表情をし，当たると「ヤッター！」と立ち上がって喜んでいた。発音の練習と意識せずにゲームをすることで自然に言葉を発声することができた。

　学校での指導後，筆者が家庭に指導の様子を電話で報告した。父親と話を

することができたので、家庭での協力に感謝して、〈"カ"の発音がよくなったことで驚いています〉と話すと、「家でも母親が練習させています」と嬉しそうだった。1歳年上の兄も練習に協力的に参加して一緒にうがいをしたり発音したりしているということだった。毎日、家庭で練習することで短期に発音が改善されてきていることを実感した。

　6月、通級教室に連れて行くために学校に迎えに来たお母さんと玄関で話をした。〈お母さん、B君たちまち言えるようになって、すごいですね。どんなふうに練習させているんですか？　上達の秘訣を教えて〉と聞くと、とても嬉しそうに「お兄ちゃんと毎日うがい競争やってるんですよ。B男の"カ"をお兄ちゃんが笑わなくなったから」と教えてくれた。〈いい兄弟ですね。では今日もお願いします〉と送り出した。

　その後、通級指導教室の先生と連絡を取りながら、週1回の個別指導を行った。うがいは発音のウォーミングアップのために毎回行うとよいというアドバイスで、毎回B男と筆者でどちらが長くうがいをしていることができるかの"うがい競争"をしたが、B君が勝つことが多かった。B男はゲームや競争が好きで、負けず嫌いなところがあり、うがいに関しては兄よりも先生よりも自分が一番上手という自信を持っている。筆者が〈うがいチャンピオン〉と言うと「チャンピオン」と言って胸をはった。

　学校での個別指導の日は兄と一緒に下校することになっているので、迎えに来た兄に〈お兄ちゃんのおかげで、B君がどんどんできるようになるね。ありがとう、これからもよろしくね〉と言うと嬉しそうに頷いて、二人で仲良く帰っていった。

　4）通級指導の先生と一緒の指導：夏休み学校で
　1学期間、順調に改善してきたB男の言語が長期の休みにより後退することのないよう、夏休み中に学校で通級指導の先生と筆者でB男の個別指導を行った。この日は父親がB男を連れてきて、父親同席のもとに指導を行った。

　〈よく来たね。ずいぶん色が黒くなったね。プールに毎日入ってるのかな〉

と言うと，ニコニコ笑っている。〈今日はお父さんと一緒でいいね〉と言うと嬉しそうに父親のそばに寄り添った。〈今日はお父さんに1学期にできるようになったことを見せてあげようね〉というと得意そうに頷いた。〈最初は通級教室でお勉強したことをお父さんと私に教えてね〉と言って，言語指導につなげた。

　指導の間，お父さんも一緒に"カ"と"コ"と発音し，A男を励ましていた。通級指導の先生が〈声を出すとお腹が動くね〉といって自分のお腹にB男の手を当てて確かめさせた。〈お父さんも動くよ〉と言ってお父さんのお腹に手を当てさせると，お父さんは得意そうにお腹を動かして"カ""コ"と発音した。〈すごい，すごい〉とみんなで驚き，〈B君，やってごらん〉と言うと，お父さんのマネをして大きな声で"カ""コ"と何度も練習した。

　指導後，父親と通級指導の先生と筆者で2学期の指導方針について話し合った。2学期も引き続き，月に1回通級指導を続け，文節の中での発音（主にカ行）が正確にでき，定着するようにすること，学校では，1学期と同様に週に1回個別指導をし，教科書の音読の練習を中心にしていくことを共通理解した。家庭では，なかなか時間がとれないが，できるだけ本読みを聞いてやるようにすると父親も協力的だった。

　夏休みの間，B男と兄は学童保育に行くことになっていたので，学童保育の先生にB男の様子を話し，配慮して見守ってもらえるよう依頼した。学童保育は別棟ではあるが，校舎の並びにあって，子どもたちが校庭を使って遊び，夏休みのプールにも参加するようになっているため連携がとりやすい条件にある。学童保育の先生がB男の夏休みの宿題の勉強をよくみてくれた。ひらがなの練習や夏休みドリルもしっかりとできていた。B男は夏休みの間，学童保育で友達と一緒に遊び，プールにもたくさん入れたことで自信がついたように見える。真っ黒に日焼けして，元気に2学期を迎えることができた。

　5）個別指導：音読指導を中心に（2学期，9～12回）
　2学期になり，学校での指導は国語の音読中心にという方針で個別指導を

するに当たり，月に1回来校する巡回相談の先生に適切な指導方法のアドバイスを受けるという意味も含めて，B男の指導を依頼した。巡回相談の先生はWISC-Ⅲの検査をしているので，B男は顔見知りである。

　巡回相談の先生の「元気そうだね。何だか大きくなったみたい。一緒にお勉強しようね」という言葉かけに「よろしく，お願いします」と言って席に着いた。〈すごい，上手にあいさつができるんだね〉と言うとニッコリと笑った。ひらがなトランプを使って言葉の練習をした。数枚のトランプカードを先生が持ち，B男がそのカードを引いてカードに描いてある言葉を答えるという学習である。ゲーム性のある学習を好むB男は身を乗り出してトランプを引いていた。先生は，B男が答えるたびに「そうだね，カニだね。カニ」と明瞭な発音で繰り返し，トランプに描いてある絵とひらがなとを指さして視覚的に対応させている。国語の教科書の音読は，1学期に学習した物語文を挿絵と一致させながら練習をした。挿絵を見せて「この絵は何をしている絵ですか？」と場面の様子をB男に話させながら物語のすじを確認し，その後音読の練習をさせていた。先生が一文ごとに範読してB男に読ませるという方法も取り入れながら，『おむすびころりん』を読む練習をした。B男は，45分間最後まで飽きずに取り組むことができた。

　個別指導後，巡回相談の先生と今後の個別指導の指導方法について話し合った。音読をさせる前の段階として，物語のすじを理解させるために挿絵を使って話をさせることや，場面ごとの挿絵を拡大コピーして切り取り並び替えて物語を完成させる等の操作活動も取り入れながら繰り返し練習させることが大切であるというアドバイスを受けた。文章も拡大コピーして切り取って，場面と対応させながら読ませていくと，長い文章を読むという抵抗感が少なくなり，場面ごとに読めたという達成感も味わえる。また，物語を先生が読んでテープに吹き込んで何度も繰り返し聞かせる方法もある。このように話し合いの中で，多くのアイデアを得ることができた。

　1週間後の個別指導に，さっそく『おおきなかぶ』の場面ごとの挿絵と文章を拡大コピーして切り取った教材を用意して音読の練習をした。場面ごと

の挿絵のカードで〈これは何の絵ですか〉と質問すると，どのカードもすぐに正確に答えることができた。挿絵カードの並び替えにも興味を持って取り組み，正しい順番に並べることができた。文章も場面ごとにカードにして，読む練習をさせた方が上手に読めることがわかった。物語をテープに録音して聞かせることに関しては，教科書の範読テープを聞かせて学習したところたいへん興味を持ったので，範読テープを貸し出すことにした。迎えに来た2年生の兄に使い方を説明し，家で一緒に聞くようお願いした。後日，〈テープ聞いてる？〉と尋ねると，「うん」と笑顔で答えた。以後〈今，テープ何を聞いてる？〉と聞くと，『くじらぐも』と次の単元の物語を進んで聞いているということがあった。

9月，B男を通級指導教室に連れていく父親と玄関で会い〈テープ，気に入ったみたいですね〉と言うと，「お兄ちゃんと奪い合って聞いてます。負けず嫌いで，お兄ちゃんに追いつき，追い越せですね」と嬉しそうに話した。〈いい兄弟ですね。楽しく競争しながらお互いに成長していくんですね。楽しみですね〉と言って送り出した。

B男の言語の通級指導は1年間で終了である。学校での個別指導は3学期末にケース会議を開き，次年度の個別指導計画を立てていくようにする。

Ⅳ 考　察

小学校特別支援教育コーディネーターとして筆者が学校で関わってきた事例を書いてきたが，学校では特別支援教育コーディネーターという専任の校務分掌があるわけではない。特学担任，普通学級担任，教務，教頭等それぞれの立場の仕事と兼任して仕事をしている。誰一人ゆとりのある教職員のいない多忙な学校の中で，特別な支援を必要としている子ども一人ひとりに，現状でできるベストを考えて支援のリソースを繋いでいくという仕事をしていかなくてはならない。

A子の事例は外部の専門家と連携が取れない状況で，校内連携で指導していったものである。担任と特学担任と筆者が主として関わってきたが，2学

期からは学校中の教職員がA子に積極的に声をかけることで，A子の表情が明るくなり，コミュニケーション能力が高められてきた。

　B男の事例は外部からの支援を効果的に活用できたケースといえる。言語指導の専門家，特殊教育の専門家のアドバイスを受けながら，学校で個別指導をしてきたことがこのような短期での改善につながったと考える。また，週に1回の個別指導の前後は担任と話をして，学級での様子を聞き適切な個別指導ができるようにした。短い時間で情報交換を効果的にすることが校内連携を円滑に行う上で重要である。B男の兄の担任の協力も大きかった。一人の子どもに担任以外の指導者が複数で関わりを持つ時は，情報を共有し，それぞれの指導者が役割を明確にして，互いの立場を尊重しながら関わっていくことが重要であると事例を通して痛感した。

　特殊教育から特別支援教育の流れの中で，学校が外部の専門的な支援を活用しやすい体制が整いつつあるが，地域によっても差が大きく，学校側の受け入れ体制にも差がある。まだ課題の多い特別支援教育だが，それぞれの学校現場を大切にしながら学校現場に根づくものとしていかなくてはならないと考えている。

参考文献

Holowenko, H. (1999) Attention Deficit/Hyperactivity Disorder: A Multidisciplinary Approach. Jessica Kingsley, London.（宮田敬一監訳，片野道子訳（2002）親と教師のためのAD/HDの手引き．二瓶社）

宮田敬一編(1994) ブリーフセラピー入門．金剛出版．

宮田敬一編(1998) 学校におけるブリーフセラピー．金剛出版．

文部科学省(2004. 1. 30) 小・中学校におけるLD（学習障害），ADHD（注意欠陥／多動障害），高機能自閉症の児童生徒への教育支援体制の整備のためのガイドライン（試案）．

柘植雅義(2004) 学習者の多様なニーズと教育政策——LD・ADHD・高機能自閉症への特別支援教育．勁草書房．

発達障害のある不登校児童に対する
教室復帰への支援

上農　肇

I　はじめに

　特殊教育から特別支援教育への転換が提言され（文部科学省，2003），小中学校では，通常の学級に在籍する学習障害（LD），注意欠陥／多動性障害（ADHD），高機能自閉症（HFA）などの発達障害のある児童生徒一人ひとりのニーズに応じて，適切な教育や指導が求められており，それぞれの学校内に「校内委員会」を組織し，キーパーソンとして「特別支援教育コーディネーター」を置くことが必要とされている。

　しかし，以前から学校現場には，校務の中に教育相談や生徒指導という分掌があり，不登校や非行などの問題行動とともに，「学業不振」や「校内での徘徊」「友人との不和」などのさまざまな主訴に対応することで，これらの分掌の担当者が通常の学級に在籍する発達障害のある児童生徒への支援について一定の役割を担ってきている。そのため，特別支援教育の体制作りを進めていく中では教育相談担当者が特別支援教育コーディネーターを兼務したり，生徒指導と特別支援教育とを校務分掌の同じ部署で扱ったりする学校も少なくない。また，教育相談と生徒指導，そして特別支援教育それぞれの分掌での取り組みを児童生徒一人ひとりの発達ニーズに応える「心理教育的援助サービス」として学校心理学の枠組みで一括して捉えようとする考え方もあり（石隈，1999），その充実が望まれている。

　このように，現状の学校組織に新たに特別支援教育体制を構築していくに

は，教育相談，生徒指導という従来からの分掌との関係を整理・統合していく視点が求められている（上野，2005）が，そのためには，すでに取り組まれているこれら分掌からの発達障害のある児童に対するアプローチの検討が必要とされているものと思われる。

そこで本稿では，そのような一例として，児童支援のための加配教員として校内の教育相談室（以下相談室と略記）を専任で担当することになった筆者が，不登校の状態を呈した発達障害のある児童の教室復帰に向けて取り組んだ支援の事例について報告する。そこでは，ブリーフセラピーの考え方と具体的な技法の適用が効果的だった。特殊教育からの転換期にあって，ブリーフセラピーが新たに特別支援教育の対象となる通常の学級に在籍する発達障害のある児童生徒に対しての支援に役立つ可能性を示している事例ともいえよう。

なお，事例の掲載にあたっては，本人と保護者および所属所長の了解を得ているが，秘密保持のため，事例の本質を損ねない範囲で内容を修正して記載する。

Ⅱ 事　　例

1．事例の概要

対象：小学校5年　男児

主訴：不登校

家族構成：母（35）・本児（10）・弟（9）

生育歴：妊娠中毒症で母体の安全が危ぶまれたため36週で帝王切開，2,260gの未熟児で隣県にて出生。出生後に異常はなく，首のすわりは3カ月，始歩，始語とも1歳頃。離乳までは混合栄養で育てたが，夜泣きが激しかった。排泄の自立は3歳とかなり遅かった。利き手は左。出生地の幼稚園に年少組から入園したが，父母の別居（後に離婚）を契機に5歳で転入（保育園年長組）。転出までの乳幼児健診でも転入後の就学時健診でも発達上の問題を指摘されることはなかった。

2．経過

　筆者が関わったのは経過2）以降であるが，事例の全体像を捉えるために，上述の生育歴に続いて，本人や母親との相談の中で後に得られた情報や校内に残されていた指導の記録などをもとに，まず経過1）で小学校入学より不登校に至るまでの様子を明らかにすることから始める。また，経過2）の期間は4期に分け，変容の様子を記す。

　なお，各期末の｜欠席　／　（　・　）｜は，欠席日数／授業日数（相談室利用日数・教室利用日数）を示している。

1）小学校入学より不登校に至るまで

　保育園からこの小学校へは本児（以下C）のみが入学した。本人の回想では，同級生にきつい言葉を浴びせられていじめられ，それが何度も繰り返されてきたとのこと（入学式の翌日，じゃんけんをする時に「早くしろ，ずるいぞ，あとだし！」と言われたというエピソード）。そのためか，校内では積極的に話す姿が見られず，問いかけにも首を振ってイエス・ノーで反応することが多かったが，授業中にまったく話せないわけではなく必要最小限の受け答えには小声で応じることができた。2年生以降は話し言葉による表現を補う方法として，書き言葉（文）による表現が少しずつできるようになってきた。また，休み時間には他の児童と遊ぶ姿が増えた。2年生の校内マラソン大会では参加者110名の中で15位になっている。学習面では，1年生の時には本読みは拾い読みの状態だったが，漢字や計算などの繰り返しの課題にはねばり強く取り組み，基礎的な学力は徐々についてきた。なお，4年生までの欠席日数は毎年10日前後と比較的多かった。この間，学校では教職員全員による「児童理解の会」に，配慮を要する児童として「場面緘黙」「学業不振」という理由で取り上げられることがあり，学校の中ではほとんど話さないことと学業成績が振るわないことを問題視されていたことになる。

　5年生になると，7月までは欠席2日と順調に登校を続けていたものの，夏季休業中の校外でのグループ活動（課外）に遅れてしまい，その折に待っ

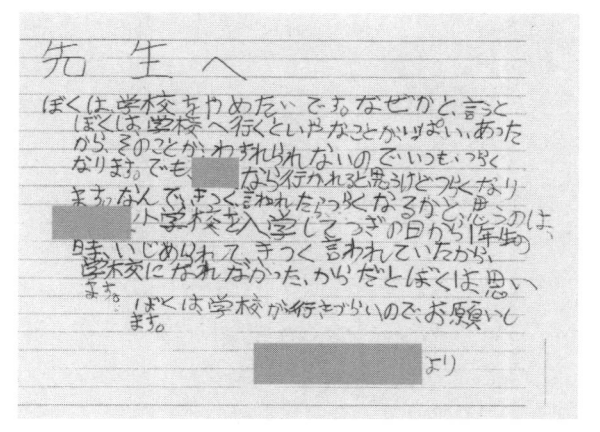

発達障害のある不登校児童に対する教室復帰への支援　81

資料1

ていた3名に強く叱責された上で「速く歩け」と命令されたこと，そのうちの一人から9月上旬の1泊2日の合宿体験でたまたま宿泊室で二人きりになった時に「窓閉めろ，ボケ」と再び命令され強い屈辱感を感じたことがきっかけで，その後登校できないことになる。

欠席　2/78（相談室利用0・教室利用76）

2）不登校から相談室登校を経て教室復帰まで

1期（X年9月中旬～12月）

　合宿体験が終わって数日後，母親（以下M）の出勤後にCが登校途中からそのまま帰宅している日があることがわかったが，Mに言い含められ何とか登校する日もあり，いわゆる五月雨登校の状態が続いた後，10月上旬，はっきり「学校をやめたい」と意思表示し，担任へも文章でそのことを訴えた（資料1）。Mは他校への転校も模索するが，実現性が乏しく断念し，保健室や相談室登校の勧めを含めて，CとMとへ一貫して登校を励まし続けていた担任（以下T1）から相談室担当の筆者（以下T2）へ依頼があり，直接の支援が始まった（以下，Cの言葉を「　」，T2の言葉を〈　〉で記していく）。

初回面接は「学校をやめたい」と意思表示し登校しなくなった数日後，「学校の子どもの顔は見たくない」というCの希望に応じ，夕方に初回面接の時間を設定した。予定の時刻ちょうどにMがCに連れそって来室。直接Cと対面しての関わりははじめてだったので，こちらから自己紹介を済ませた後，〈よく来てくれたね〉と来室をねぎらい，あわせて〈朝は登校できなくても，別の時間なら学校へ来れるんだね，すごいね〉と話した。放課後の登校という，すでに起こっている変化（例外の事実）を肯定的に評価していることをCに伝えたかったからである。Cからは返事はなかったが，MとT1を含めた4人で『これからのこと』を相談してはどうかというT2からの提案には頷く。Mからは夏期休業と合宿体験でのエピソードを皮切りに小学校入学以降のCの嫌な思いをした体験のいくつかが語られたが，それに対してT2は〈お母さんはお子さんのつらかった気持ちをよく掴んでますね，お子さんはお母さんを信じられるから，いろいろなことを話せるんですね〉とコンプリメントした。そして，〈これからどうなればいいでしょう〉と尋ねると，勉強することは嫌がっていないし，家でもドリル学習を続けており，勉強を続けさせたいという。それならば，五月雨登校の期間中にT1が勧めていたような別室登校（保健室・相談室）が可能であるとあらためてMに伝え，Cにも〈君はすごいね，学校を休んで悪口やいじめから自分を護っているんだね，ここならそれを手伝えるよ〉と学校を休んでいる事実を『行けない』から『行かない』とリフレイミングして伝え，相談室への登校を誘った。教室へすぐに復帰するという行き詰まっている解決努力に，新しいこと，違ったことをやってみるという「Do Something Different（白木，1994）」による介入を意図したのである。しかし，Cからは返事は聞けず，Mは家に帰って話し合ってみたいということで，初回面接は終了した。

　その後，数日午前中の相談室への登校が続いたが，廊下で同級生の姿を見かけ動揺することもあり，10月下旬から11月上旬にかけて，13日連続で欠席（休日を入れると20日間登校が途絶える）。T1からは困惑するMに教育相談機関への相談も勧め，Mは教育相談機関への電話相談の後，面接相談に

も出かけるが，校内での取り組みを続けるよう勧められ，その後の相談は継続はしなかった。そこで，T2からはCに〈休みながらでもよいから来られる日には夕方暗くなってから，放課後登校をしてはどうか〉とT1とともに家庭訪問をした折に提案した。午前中の相談室登校に代わる，新たな「Do Something Different」の介入である。この提案を受け，その後CはMと週2回放課後（16：50～18：00）欠かさず相談室への登校を続けることになる。各回前半と後半に分け，T1とT2が分担して教科学習に取り組んだり，トランプなどのゲームで過ごしたりした。年子の弟も来室し，その担任を含めた5人でのゲーム中に笑顔が見られることもあった。

年末が近づいてきた12月の中旬には，T2から〈放課後登校をこれ以上増やすのは難しいので，冬休みの間に，昼間の相談室登校を含め1月以降の登校の仕方を話し合ってほしい〉とCとMのそれぞれに伝えた。年末年始という目の前に迫っている節目をきっかけに，午前中の相談室登校を再度促したことになる。放課後登校という解決に向けたすでに起こっている好ましい例外の拡張「Do More（白木，1994）」を意図した介入である。

欠席　40/69（相談室利用19・教室利用10）

2期（X＋1年1月～3月）

1期末のT2からの促しを受け，CとMとで話し合い，1月は週2回の相談室への放課後登校のほか，午前2回（9：30～11：00）の登校を始め，その後2月中旬以降は放課後登校を1回に減らし，週の5日間とも午前中の登校をするようになった。結果的には，少しずつ例外を拡張させていくことになったが，Cはそのつど文章で意思を伝えてくれた（資料2）。そして，それに伴い，この時期のはじめにはMのつき添いで相談室まで通室していたものが，玄関でMと別れて一人で相談室へ入る，家から一人で登校する，登下校とも一人でする，というように通学の様子も徐々に変化していった。

登校機会が増えてきたCに対して，次は学校生活での一定のリズムに慣れさせることが大切と考え，朝のあいさつの後には，デイリーワークとして，まずT2からCに対して，前夜からの生活についての質問（前夜の就寝時間，

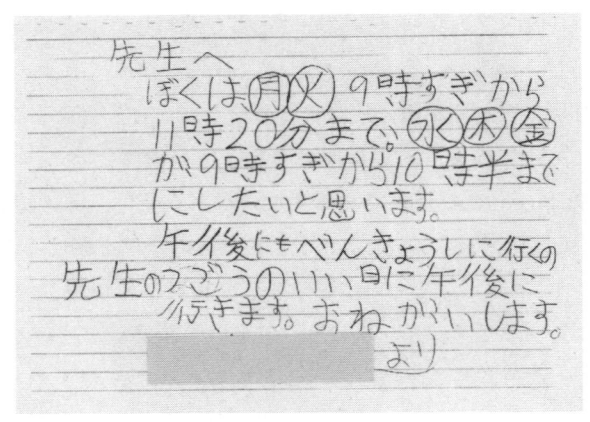

> 先生へ
> ぼくは㋰㋪の時すぎから
> 11時20分まで。㋬㋬㋎
> から9時すぎから10時半まで
> にしたいと思います。
> 午後にもべんきょうに行くの
> 先生のつごうのいい日に午後に
> 行きます。おねがいします。
> 　　　　　　　より

資料2

朝の起床時間，朝食の内容，通学の方法）をし，続いてその日の相談室での日課を自分で決めさせた。この二つの活動では，学校生活での安定したリズムを形成させるというねらいと同時に，繰り返しにより，先の見通しが持てることで相談室での活動が安心できるものになるというメリットも考えられた。また，前夜からの生活についての質問では，人前で話すことに苦手意識が強く，うなずきで意思表示をすることが多い寡黙なCに対して，まずは一問一答に慣れさせるとともに，やがては「きのうは……で，あさは……で，……，……」と続けて文を話すことができるようになることをねらいとした。コミュニケーションスキルの指導ともいえる。そして，その日の日課を決める活動では，学習に対する自己決定の機会を保障することを目的とした。実際には，この期の後半には，小さい声ながらも，質問に対してねらいどおりに続けて話すことができるようになり，日課では国語（漢字）・算数（計算）のドリル学習を好み，自分で決めた課題には熱心に取り組むことができた。ただ，利き手（左）での鉛筆の持ち方が悪く，本来鉛筆にあたるはずの親指が直接人差し指を押さえるため，指で鉛筆の動きを制御することができず，腕全体でのぎこちない書字になっていた。

　T2はCの教室復帰に向け，進級を次の変化の節目と考え，ここではじめ

て，〈「学校には行けない」と言っていたあの時を0点として，これから先，元どおりに教室に戻れる時が10点としたら，今は何点かな？〉とスケーリング・クエスチョンを試みた。Cは「3点」と答えたが，〈その3点分は何かな？〉には答えることはできなかった。そこで，〈すごいね，0点から3点へと前に進んでいるね。10点まで一緒に頑張ろうね〉と伝え，6年生になったら教室での学習へ教科を選んで参加してはどうかという提案をし，Cとその条件を話し合った。さらなる例外の拡張「Do More」をすすめる介入である。そして，教室での学習の準備として無人の教室に入り自分の座席で自習を体験してみたり，全校集会や学年最後の終業式に参加したりすることで，少しずつ相談室の外での活動ができるようになっていった。

一方，放課後は主にT1が対応し，学級で取り組んでいた家庭科での調理実習や理科での実験などをマンツーマンで教えることが多かった。やがて戻っていく学級とのつながりを意識できる機会となったものと思われる。

欠席 7/53（相談室利用46・教室利用3）

3期（X＋1年4月～5月中旬）

6年に進級するとT1の転出に伴い，学級担任は新しい先生（以下T3）に替わった。年度末のT2とのやりとりの中で，算数は教室で授業を受けること，給食を食べ，掃除をしてから下校することを決めていたCはまずそれらを一つずつ着実に実行していった。算数の授業を受けた後のスケーリング・クエスチョンでは「5点」と答え，〈1点増えるとどうなっている？〉には「掃除に一人で行けたら6点」というように，点数と具体的な活動を結びつけながら話した。スケーリング・クエスチョンで一歩ずつのゴールセッティングをしていたことになる。そこで，〈10点の時にはどうなっているかな？〉とスケール上で解決像の構築を試みたが，「いじめられなくなったら」と抽象的な否定形の答えであり，この段階では「必然的進行の未来時間イメージ（黒沢，2002）」による解決像は描けなかった。

しかし，相談室の中でも，製作したコラージュに「しぜんは，いいぞ」と題名をつけたり，「ぼちぼちしていこう」と生活目標を考えたりと，Cの内

面に前向きなエネルギーの存在を感じさせるような表現が見られるようになってきた。そして、教室で受ける授業も算数に社会，国語が加わり，1日1時間で始まった教室での授業参加の時間も増えていくことになる。それには，新しい担任T3が教室内での児童の間のからかいやいじめの言葉（キモイ，バカじゃないの等々）を見逃さず指導を続けたことで，Cが自分の所属する学級での活動に安心感を持つことができたことが効果的に働いたものと思われる。また，この期間中には，自分の学年の遠足には参加できなかったものの，1学年下の5年生の遠足に弟と二人で参加することができた。なお，この遠足では，「あんなやつら」という他の児童のうかつな言動に屈辱感を感じ，復路の途中から勝手に自宅へ帰ってしまい，T2からも叱責されるというトラブルがあった。にもかかわらず，不登校のきっかけになった前年度の合宿体験とは異なり，自分の振舞いの理由をT2に伝え，その結果，相手の児童との話し合いで謝罪してもらうことができ，再び不登校状態に戻るということはなかった。そしてその後も，苦手な体育には見学という方法で参加したり，ランドセルを相談室に一旦置いてから教室に行っていたものが，朝から直接教室へ入るようになったりと，全面的な教室復帰間近といえる状態になってきた。T2とT3は給食を教室でとり相談室を日常的に利用しないこと，そして，不登校のきっかけになった合宿体験に参加することがCの残された課題と考えていた。

欠席　0/28（相談室利用28・教室利用20）

4期（X＋1年5月下旬〜7月）

運動会を目前に控え，どの学級でも時間割どおりに授業が行えないようになった頃から，給食以外はほぼ全部の時間を教室で過ごすようになった。スケーリング・クエスチョンでは「8点」と答え，〈10点の時にはどうなっているかな？〉とスケール上で解決像の構築を再度試みたところ，「悪口が気にならなくなったら」と抽象的な否定形の答えに続いて，「（業間の）休み時間に友達と遊んでいる」「（帰宅後に）Mと二人で，学校で頑張っている自分を振り返っている」「弟と『長い挫折だったな』と話している」等の解決像を描くようになった。また，〈どうして，もう8点まで数字が上がってきた

の？　どうして，ずっと教室にいられるの？〉と「成功の責任追及（黒沢，2002）」をすると，「自分の席に座ると落ち着く」と教室の中に居場所があることを伝えてくれた。そして，たまたま他学年の児童で相談室の椅子が一杯になり，給食を食べることが物理的に困難だった日を境に，それまで続いてきた相談室の利用が途絶えることになる。

　その後，T2は参加を迷っていたCにこの10カ月で苦しんだことやその中から身につけたことを活かす機会として6年生の合宿体験への参加を勧め，トラブル時の対処法をともに考えた。そして，T3に見守られ合宿体験は無事終了し，発熱による欠席1日のみで夏季休業を迎え不登校に対する支援は終結した。

欠席　1／42（相談室利用14・教室利用41）

3）教室復帰のその後

　不登校は解消したものの，「場面緘黙」「学業不振」が問題となるようなCの校内での状況は依然変わらず，すぐ先に控えている中学校進学に向けて，コミュニケーションの改善と学力保障がこの先の課題と考えられた。

　経過2）の相談室利用期間中にも，コミュニケーション面では，こちらからの質問に答え始めるまでにかなりの時間がかかったり（長い時には1分に及ぶ沈黙），過去の嫌な体験のエピソードなど話の内容によっては気持ちが高ぶるためか途端に声に力みが入り，吸気にも音が伴うため吃症状を疑わせるようなたどたどしい話し方になる様子が観察されていた。そのために資料1・2で示したように，伝えたい内容は文章で意思表示することが身についてきたのかもしれない。また，学業面では，相談室内でのドリル学習の様子では算数の計算や国語の漢字などの機械的に繰り返す学習には熱心に取り組むものの，筆算で位取りを間違えたり，書字もノートの行には収まらないというように，特に，書くことでの不器用さが目立っていた。

　そこでMと相談の上，夏期休業期間中にアセスメントを実施することにしたが，結果は以下の図のとおりだった。WISC-Ⅲ知能検査（図1）では全検査IQ 68と軽度知的障害の水準だったが，言語性IQ 80，動作性IQ 61と両IQに有意な差がみられた。また，群指数でみると言語理解80，注意記憶79

図1　WISC-Ⅲ知能検査

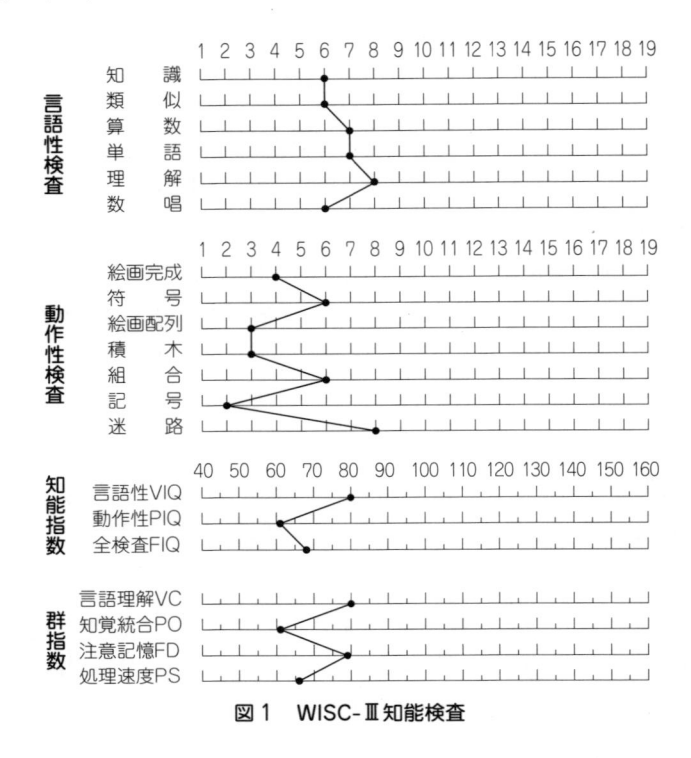

言語性検査
	1	2	3	4	5	6	7	8	9	10	11	12	13	14	15	16	17	18	19
知識						●													
類似						●													
算数							●												
単語							●												
理解							●												
数唱								●											

動作性検査
	1	2	3	4	5	6	7	8	9	10	11	12	13	14	15	16	17	18	19
絵画完成				●															
符号							●												
絵画配列			●																
積木模様			●																
組合							●												
記号探し		●																	
迷路								●											

知能指数
	40	50	60	70	80	90	100	110	120	130	140	150	160
言語性VIQ					●								
動作性PIQ			●										
全検査FIQ				●									

群指数
	40	50	60	70	80	90	100	110	120	130	140	150	160
言語理解VC					●								
知覚統合PO			●										
注意記憶FD					●								
処理速度PS				●									

が比較的高く，知覚統合61，処理速度66が低かった。言語性検査では評価点の幅は狭く（SS 6〜8），一方の動作性検査では評価点の幅があった（SS 2〜8）。その動作性検査のうち，評価点の比較的低い下位検査は絵画完成SS 4，絵画配列SS 3，積木模様SS 3，記号探しSS 2であり，結果からは視覚刺激の細部を捉える力が弱く，また左右（水平方向）に提示される刺激を見比べることと目と手の協応動作に難しさがあることが推測された。グッドイナフ人物画知能検査：DAM（図2）ではIQ 75の結果である。着衣を含めて全身を鉛筆で塗った点が特徴的であり，太い眉，大きく見開かれた目と歯がむき出しの口からは，喜怒哀楽の中では「怒り」のイメージがうかがえる描画だった。S-M社会生活能力検査（表1）の社会生活指数SQは78である。6領域いずれも生活年齢には及ばないが，特に作業領域の社

会生活年齢が7歳4カ月レベルと低く,「ペットボトルの蓋や缶のプルタブを開けるのを嫌がる」「ファスナーが苦手」「蝶結びができない」などのMからの情報をあわせて考えると,手先の不器用さがあるものと思われた。これら3種類の検査結果を勘案すると,視知覚－運動能力に問題を持っているものの,知的な能力は境界知能水準と考えることが妥当ではないかと思われた。

続いて,視知覚－運動能力の評価のために追加の検査を実施した。まず,ベンダーゲシュタルトテスト：BGT(図3)を行った。知能水準を考慮し得点評価はコピッツ法によったが,失点2点で「形の歪み」があった。8歳6カ月〜9歳5カ月相当の結果だったが,この検査では図形を忠実に模写しようと消しゴムを多用し,15分26秒ときわめて長い時間（多くの場合3分〜10分で終了）を要した点が特徴的だった。この点からはCの臆病さや不安・緊張の強さ,強迫的な性格傾向が読みとれるかもしれない。次に,フロスティッグ視知覚発達検査：DTVP（表2）を実施してみた。下位検査Ⅱ「図形と素地」のみ全問通過し,この

CA 11:6　MA 8:8　IQ 75
図2　グッドイナフ人物画知能検査

表1　S-M 社会生活能力検査

領　　域	領域別社会生活年齢
身辺自立	8:06
移　動	9:03
作　業	7:04
意志交換	10:09
集団参加	8:07
自己統制	10:11

社会生活年齢（SA）9:00　社会生活指数（SQ）78

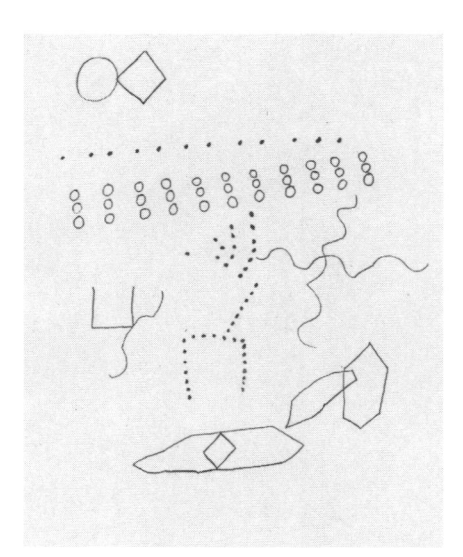

図3　ベンダーゲシュタルトテスト

表2　フロスティッグ視知覚発達検査

下位検査	知覚年齢
Ⅰ　視覚と運動の協応	7:00
Ⅱ　図形と素地	8:06
Ⅲ　形の恒常性	7:08
Ⅳ　空間における位置	5:08
Ⅴ　空間関係	7:04

検査での最高の知覚年齢に達していたが，その他の検査ではいずれにも誤りがあり，特にⅣ「空間における位置」では5歳レベルの水準となり，視知覚に明らかな困難が認められた。また，微細運動の状態をみるためにソフトサイン（杉山，1999）を評価したところ，協調運動の判定課題である変換運動（①両手を同時に膝上で，②片手ずつ手の平の上で，③前腕を挙上させ片側ずつ，回内回外させる）の②③で鏡像運動があり陽性と判断されたほか，自己と検査者それぞれの左右の理解（左右弁別および対向左右弁別）がどちらも曖昧だった。これらの結果からは，たとえば発達性協調運動障害（DCD）（House, 2002）の診断に至る可能性を孕んだ運動の問題（不器用さ）の存在が疑われた。そこでMには，医療機関への受診を勧めたが，もう少し様子を見たいということで，結果的には専門的な診断には至らなかった。

このような実態を持つCに対して，年度の途中でもあり，学校では新たに特別な支援の場を設けることはできなかったが，T2は検査結果をMに伝えるとともに，Mの了解のもとでT3へも結果を知らせ，教科学習での配慮をお願いした。Cは書字そのものには抵抗はないものの，板書のテンポが速かったり，量が多いとノートをとることが難しくなるので，どの教科でも，色

を使うなどの工夫をして簡潔でわかりやすい板書をしてほしいこと，算数の筆算では間違いが多いようなら補助線を引くように指導することである。また，体育や音楽には苦手意識が強かったので，担当の先生には，見学での参加を認めてあげること，個人演技（体育）や独唱やリコーダーの独奏（音楽）などの無理を強要しないことをお願いした。もちろん，自ら参加しようとする課題には励ましながら個別に指導してほしいことも申し添えた。そして，直接T2からCに対しては，左右弁別の曖昧さへの対処法として，自分が書字する手を左手と覚え，それを基準に左右の判断をすること，二つのものを見比べる場合には左右ではなく上下に置いて比べることを教えた。このほか，対人関係でのトラブルが起こった場合の対処法として，ストレス・コーピングやアサーションのロールプレイを何度か行った。

　その結果，学力の明らかな向上は認められなかったものの，9月以降，教室で穏やかな表情で過ごすようになった。また，児童間のいさかいでも逃げ出すことはなくなり，T2やT3に助けを申し出たり，自分の思いをたどたどしい表現ながらも相手に向かって話すことができるようになった。T3と事前に相談し，一時的な休憩場所として相談室を利用することが数回あったが，あくまでも教室を自分の居場所として意識できたようである。全校一斉に行った『なやみ調査』でも，「友達と休み時間に体育館でボール遊びをするのが楽しいです」「困ったこと，相談したいことはありません」と答えている。この間の欠席は風邪による2日であり，年間合計3日の欠席はCの小学校6年間ではもっとも少ない欠席日数となった。そして，卒業式の呼名に大きな声で「はい」と応え，しっかりと顔を上げ卒業証書を受け取り中学校へと進学していった。　　　　　欠席　2／124（相談室利用3・教室利用122）

Ⅲ　考　察

　本事例は当初不登校を主訴に支援が始まった，発達障害のある児童のケースである。結果的には医療機関での診断には至らなかったが，行動観察や心理検査の結果と保護者からの情報を勘案すると，視知覚－運動能力に困難が

あり，知的な能力は境界知能水準が推測された。そして，小学校の低学年から場面緘黙，学業不振が問題視されたものの，発達障害が高学年まで見過ごされてきたため，その間に心理検査にあらわれたような，怒りを内にため込み，臆病さや不安・緊張の強さ，強迫的な性格傾向が顕在化してきたものと思われる。そして高学年でとうとう不登校に至ったわけである。その意味では不登校は発達障害の二次障害といえるのではないだろうか。上野（2005）は「通常の学級で特別な支援を必要としている児童生徒は併せて6.3％と推定される学習障害（LD），注意欠陥／多動性障害（ADHD），高機能自閉症（HFA）だけではなく，3％の知的障害（MR）とその周辺と推定されるものを見落としてはならない」と述べているが，本事例はその3％の一例ともいえよう。

　そのような発達障害の二次障害としての不登校に対する教室復帰への支援のためにブリーフセラピーを適用した。そのモデルは，「Ⅱ　事例　2．経過」の中で介入の意図と技法を示したが，「BFTC・ミルウォーキー・アプローチ（白木，1994）」である。本事例の場合，言語性 IQ 80 は境界知能水準であり，「わからない」「できない」自分に対する認知（メタ認知）が比較的可能である分，学校への不適応感を募らせたものと思われる。しかし逆にその能力ゆえに，ブリーフセラピーに基づく言語を介した心理アプローチが可能になったとも考えられる。結果から言語性 IQ が境界知能水準であっても言語を介した心理アプローチの適用が可能であることがわかった。実際には，具体的な技法として，特にスケーリング・クエスチョンが効果的だったが，そもそも学校教育では，目標の達成に向けスモールステップで課題を組み立てたり，学習を積み重ねることが日常化しており，児童生徒の意識の中にもそれが浸透している。毎日の漢字の書き取りや計算の小テストでの「10点満点」に慣れ親しんでいる児童生徒にとっては馴染みやすい問いかけなのだろう。

　本事例では，不登校の解消までには10カ月の期間を要しており，必ずしも短期：Brief，効果的：Effective，効率的：Efficient というブリーフセ

ラピーの三つの特徴を満たしているかどうか疑わしい面もある。それまでの他者との積極的なコミュニケーションを避ける傾向に加えて，不登校のきっかけになった強い屈辱感によって他者への怒りの感情をあわせ持つことにより，結果として「学校へは行けない」という心身の不安定な状態を招いたものと考えられたため，一時避難・保護の場を確保し休養を保障するという意味もあって，より短期間での解決を急ぐことはしなかった。しかし一方で，膠着した状況の中に小さな変化を生み出し，それを積み重ねることで解決を目指し，決して問題を掘り下げていくような取り組みもしなかった。その点からは解決志向のブリーフセラピーを意図した支援には違いない。

Ⅳ　おわりに

　本稿では，発達障害のある児童への支援にブリーフセラピーが有効であることを事例を通して示した。相談室では心理面への支援だけではなく，教科学習の補充指導や教室へのつき添いなど多岐にわたる「適応指導」が求められている。特に発達障害の場合には，発達への支援という側面から，個々の認知・情報処理の特徴に留意して，わかりやすく「教え諭す」指導も軽視できない。そのため，問題に対して単一のアプローチで事足りることはあまりなく，相談室という場とそこでのさまざまな営みは，学校というコンテクストではまさに例外そのものなのかもしれないが，好ましい循環を拡張させていくリソースとして，通常学級に在籍する発達障害のある児童生徒の特別な支援に活用できる可能性は大きいものと思われる。

　　　〔謝辞〕本稿は第227回北陸児童青年期研究会（2005年9月，金沢）で発表した事例をまとめたものである。検討していただいた参加者の皆さんのアドバイスがあったことをここに記して感謝いたします。

引用文献

House, A. E. (2002) DSM-Ⅳ Diagnosis in the Schools. The Guilford Press, New York.（上地安昭監訳，宮野素子訳（2003）学校で役立つDSM-Ⅳ──DSM-Ⅳ-TR対応［最新版］．誠信書房）

石隈利紀(1999) 学校心理学．誠信書房．
黒沢幸子(2002) 指導援助に役立つスクールカウンセリング・ワークブック．金子書房．
文部科学省(2003) 今後の特別支援教育の在り方について（最終報告）．
白木孝二 (1994) BFTC・ミルウオーキー・アプローチ．（宮田敬一編）ブリーフセラピー入門，金剛出版，pp. 102-117.
杉山登志郎(1999) 児童精神科臨床における不器用さの問題．（辻井正次，宮原資英編）子どもの不器用さ——その影響と発達的援助．ブレーン出版．
上野一彦(2005) 特別支援教育と軽度発達障害．第14回日本LD学会小講演A資料．

参考文献

宮田敬一編(1998) 学校におけるブリーフセラピー．金剛出版．

学校生活になじめない
アスペルガー女子中学生への支援

秋山　邦久

I　はじめに

1．特別支援教育と学校現場

　障害を持つ子どもたちへの教育的支援が，これまでの特殊教育から特別支援教育へと大きくシフトしてきている。特別支援教育は，障害を持つ子どもたちへの教育的な対応を，これまでの盲・聾・養護学校や特殊学級（リソースルーム）で行うという「特別の場に置く」考え方から，「児童生徒一人ひとりの教育的ニーズに置く」考え方への転換である。

　これは，ノーマライゼーションの普及による，「障害を持つ児童生徒も，地域の通常学級で差別なく教育を受ける権利を有する」という考え方を基本にしている。また一方で，これまでは特殊教育の対象とされずに，通常学級の中でその障害に応じた専門的な支援をほとんど受けられずにいた学習障害（以下，LDと略）やADHD（注意欠陥／多動障害），それにアスペルガー障害などの高機能自閉症の児童生徒に対しても，それぞれの児童生徒のニーズに応じた対応が必要であることの認識が高まったことも背景となっている。

　この特別支援教育の推進は，特殊教育の専門的知識を持たない教員にも，今後は普通学級の中で積極的に障害を持つ子どもたちと教育的関わりを持つことを求めていくことになる。このため，一般の教員を対象としたさまざまな研修が計画されたり，各学校に特別支援教育コーディネーターと呼ばれる特別支援教育を推進する専門的役割を持つ職員を配置していく体制が整えら

れることにもなっている。しかし，はじめての試みであるため，教育現場にはさまざまな戸惑いが生じている（秋山，2004）。

2．特別支援教育とスクールカウンセラーの役割

こうした流れは，学校教育現場で活動しているスクールカウンセラーにとっても避けて通ることのできない課題である。これまでも，スクールカウンセラーが主として関わってきた不登校やいじめ，非行などの問題行動の背景に，LDやADHD，あるいはアスペルガーといった発達障害が少なからず認められており，スクールカウンセラーはその対応にも携わってきている。また，スクールカウンセラーは，個々の子どもへのカウンセリングだけではなく，学級担任や学校全体に対してのコンサルテーションを行うことも重要な活動となってきている。

さらに，特別支援教育の基本は日常教育活動の中に，治療教育的援助をいかに包含していくかという視点が必要となる。治療教育はこの日常の積み重ねが大切であり，大部分のスクールカウンセラーの勤務体制である週1日程度の限られた時間の中でそれを実践することは困難であろう。つまり，特別支援教育に対するスクールカウンセラーの対応は，問題行動を示す子どもにカウンセリングや臨床心理的援助を行うという対応から，日常的に治療教育的援助を行っている学級担任や養護教諭への臨床心理的援助をより重視する方向に，活動の力点を移して行くことが求められていると考えられる。

そこで，ここではスクールカウンセラーとしてブリーフセラピーの視点から関わったアスペルガー障害の女子中学生への支援ケースを通して，スクールカウンセラーとしての特別支援教育への役割について検討してみたい。

II　ケースの概要と介入までの状況

1．中学校の状況

はじめに，今回のケースの舞台となった中学校の状況を示す。全校生徒数が110人前後で，各学年1クラスの小規模中学校である。転出転入の生徒は

ほとんどおらず，全員が同じ小学校からそのままこの中学校に入学してくるという地区である。スクールカウンセラーは平成12年度から配置され，その当時は3名が交代で勤務していたが，現在は5名のスクールカウンセラー（男性2名，女性3名）が勤務している。精神科病院勤務でリーダーのAさん（男性），大学相談室勤務で母親的なBさん（女性），不登校生徒対象のフリースクール勤務のCさん（女性），総合病院心理室勤務のDさん（女性），それと筆者である。ただし，平成13年度からは拠点校として，スクールカウンセラーは近隣の小中学校への援助も行っている。

2．ケースの概要

中学1年生のKさん（女子）は，いまどきの子どもには珍しくよく青洟を2本たらしていて，友達から「11チャンネル」とあだ名をつけられていた。服装や身だしなみにも無頓着で，下着のシャツが常に出ているなど，他の生徒とは明らかに異なる印象を与える生徒であるが，成績はさほど問題なく平均的であった。

家族は会社員の父親とパート勤務の母親，高校1年生の兄と父方祖母の5人家族である。小学校時代から，教員とは関わることができるが友達と遊ぶこともなく，休み時間には職員室で先生たちと話をするか，校長室や図書室で本を読んでいることが多かった。クラスメートからも変わった子との評価があり，母親も心配して何度か担任の先生に相談したものの，成績も問題なく授業には参加しており，特に授業中に騒ぐこともないことから，「大丈夫です」と言われたりしたため，母親も心配はしていたが，相談機関などへの相談はしてこなかったという。幼児期の3歳児健康診断などでも，問題を指摘されることはなかったとのことである。

中学校入学後も，やはり友達とは関われず，教員との関係が中心であったが，小学校のときのように職員室には入らず，休み時間は保健室で過ごすことが多くなる。また，中学1年生の5月頃からは，朝一番に登校して，養護教諭が出勤し保健室を開けるのを待っており，保健室の窓から職員駐車場を

ずーっと見ていて好きな男性教員が出勤すると，それこそ学校中に響くような大声で「○○先生，おはようございます」と声をかけるのが日課となっていた。

　また，優しく接してくれる教員には男女を問わず非常になれなれしく接する一方で，年配の男性教員に対しては強い拒否を示すことがあった。教室での友達との会話はほとんどなく，保健室に来る生徒に一方的に話しかけることはあっても，会話にはならない状態であった。ただ，保健室登校していた1学年上の女子生徒（Hさん）は，本人に合わせて頷いたり返事を返したりするので，何とか会話が成り立っている感じがしていたと養護教諭は述べている。

　中学1年生の夏休み明けから，休み時間ごとに「教室に行きたくない。クラスでいじめられる」などと養護教諭に訴えるようになる。そこで，学級担任，養護教諭，スクールカウンセラーのDさんとで相談し，2週間の期限と授業時間は保健室でも学習をすることを条件に，保健室で過ごすことを本人と約束し保健室登校を始める。本人は約束どおり2週間で教室に戻る。

　しかし，休み時間には必ず保健室に来室し，授業開始のチャイムが鳴っても「教室には戻りたくない」と毎回ごねて養護教諭を困らせ，すったもんだした後にしぶしぶ教室に行くという繰り返しになる。また，教室に戻っても，すぐに教室から飛び出し学校内をブラブラするなどの行動も目立つようになる。ただし，本人が言う「怖い先生」である年配の男の先生の授業は，抜け出しなどがなく，静かに授業には参加している。

　また，女性のスクールカウンセラーの出勤日には，カウンセリングルームに入り浸たってしまい，他の相談者が来た場合など，文句を言ったり，壁をけったりしながら教室に戻ることもあった。

Ⅲ　介入への模索

1．教員とのケースカンファレンスと親への働きかけ

　このような状態から，学級担任，養護教諭，学年主任，各スクールカウン

セラーで何度かKさんについて話し合いを持った。スクールカウンセラー（筆者）は，「心理検査が学校内ではできないので確信的なことは言えないが，たぶんアスペルガーなどの器質的な問題も視野に入れて対応した方がいいのでは」との提案をし，その結果，専門機関での検査や診察を勧め，その結果に基づいて学校での対応を検討することにした。

その旨を母親に伝えたところ，「私も，兄と比べてKは何か違うところがあると感じていた。小学校のころにも問題を感じて，担任の先生に話したが『個性の範囲内でそのうちに成長しますよ』と言われ，不安だったがそのままにしてきた」と母親は相談機関へ行くことに賛成した。しかし，そのことを母親が父親に伝えたところ「自分の子どもがおかしいと言われることは，納得できない」と，父親からは相談機関へ行くことを拒否されてしまう。また，Kさん本人からも，「相談機関に行くことは絶対に嫌だ」と意思表示がなされる。このため，学校としては今後も粘り強く家族に相談機関へ行くことを勧めながら，学校でできる支援を模索しながら様子を見ていくことにした。

その間も，Kさんの学校での生活態度には変化がなく，教室で授業を受ける回数も減ってきていた。さらに学校の帰りにタバコを買っているところを同級生に見つかる（本人は吸ってはおらず，「かっこいいので持っていたくて買った」と話している）などの問題もみられるようになってきた。

学校でも，厳しく叱ったりなだめたりするが，その場限りですぐに同じことを繰り返すため，「指導が入らない」と教員間にイライラが募り始める。そんな時に，授業に出るように強く指導した先生に，Kさんが「カウンセラーが，『授業に出たくなかったら出なくて良い』と言った」と話したため，教員とスクールカウンセラーとの間に少々わだかまりが生まれてしまった。教員側は，「Kさんに対するスクールカウンセラーの対応は甘すぎるのではないか」というものであり，スクールカウンセラー側は「厳しい指導だけでは，Kさんが追い込まれてしまい，さらに学校に居場所がなくなってしまうのではないか」というものであった。

そこでスクールカウンセラーのAさんが調整役となり，まずスクールカウンセラー側の意見をまとめた。以下に，そのときの検討結果を示す。

①Kさんへの基本的接し方について（「厳しく」か「受容的」に接するか）

関係が良い人に対しては了解が良くなり，関係が悪いと疎通性も取り難くなる生徒であるため，指導が入るようにするためには基本は受容的な態度が望まれる。ただし，態度は受容的でも，枠（ルールや規範）はしっかり守らせる姿勢で臨む。

②「教室で過ごす」と「保健室利用を認める」の基準と留意点について

保健室登校しているHさんがいる状況で，Kさんだけ保健室利用はダメと言っても，本人は納得できないのではないだろうか。判断基準は難しいが，保健室での過ごし方をルール化することでKさん自身の基準ができるのではないか。たとえば，体調が悪いときは保健室利用は許可するが，ベッドで安静にしてもらい勝手に立ち歩いたり遊ぶなどの他のことはしないといったルールを作る。

③親への報告について

Kさんは学校での状況を親に連絡されることを異常に嫌がるが，反対にこれを指導の枠として利用できないか考えてみることも大切なのではないか。また，Kさんのより良い成長のためには，保護者との協力は絶対に必要であるので，枠とは別に連絡を取り合う方が良い。

このような話し合いを通して，スクールカウンセラーもKさんには枠が必要であること，そのためにも時には「厳しさ」で指導することも大切であること，一方で，本人を受け入れるという態度で接することも必要との意見が示され，教員側の意見と何ら違いがないことが確認された。

そこで，スクールカウンセラーのAさんが教員とのカンファレンスを持ち，スクールカウンセラー側の考え方も先生方とほとんど変わらないことを伝えながら，そこで先生方の努力に敬意を表し，再びポジティブな同盟関係を結ぶことができた（Murphy & Duncan, 1997）。

2．問題行動のリソース化

　その年の11月になって，スクールカウンセラー用の携帯電話が紛失するという事件が起こる。携帯電話はカウンセリングルームの鍵のかかるロッカーに保管してあったが，その鍵はカウンセリングルームの机の引き出しに入れてあった。カウンセリングルームはスクールカウンセラーがいるときか，養護教諭や他の先生が使用するとき以外は生徒が勝手に入らないようにしてあったので，最初は誰も盗難とは気づかなかった。しかし，どこを探しても見つからず，教頭先生が「一回，その携帯電話にかけてみましょう」と放課後に電話をかけたところ，「ハイ，Kです」と家に帰っていたKさんが携帯電話に出たため，携帯電話をKさんが持っていったことが判明した。

　すぐに学校とスクールカウンセラーとで対応を協議した。その席で学校側から，学校内で盗みが起きたという問題の重大さや，ロッカーの鍵や携帯電話の管理体制についての責任を問う意見などが出された。そこで，スクールカウンセラー側から，学校側の指摘の正当性を十分に認めながら，今回の問題をいかにKさんの今後の指導につなげるかとの視点で，話し合うように提案していった。その結果，その日は学校としてKさんや親に対する教育的指導を優先すること。また，近い時期に日を改めてスクールカウンセラーが両親とKさんを呼び，Kさんの今後の援助につなげられるように，今回の問題を利用することも決めた。

　つまり，盗みという非常に困った問題を，問題としてではなく援助のためのリソースとしていかに利用するかという視点で，教員とスクールカウンセラーが話し合うことができている。これは，①問題発生から時間をおかずに，すぐに教員とスクールカウンセラー間で協議ができたこと，②こうした問題が発生したときに，スクールカウンセラーが関わっている場合，教員よりもまずはカウンセラーが本人たちに会って話を聞くことになるところを，教育的指導を優先してもらったこと，③それ以前に，教員とスクールカウンセラーとの間でポジティブな同盟関係が築かれていたこと，などが教員側にも問題を問題としてではなくリソースとしてみるという，スクールカウンセラー

側の思いがうまく伝わった要因であると考えられる。

その日は，父親とKさんが学校に呼ばれ，学級担任と教頭先生が学校としてKさんから携帯電話を持っていった状況や理由を聞き，教育的に指導した。母親ではなく父親を呼んだのは，Kさんの専門機関での受診にいまだに父親が拒否的であったため，この機会に父親のKさんへの関わりを増やし，学校側と一緒にKさんのことを考えてもらおうとしたためである。また，教頭先生から，近日中にスクールカウンセラーと両親と本人の四者で話し合いをすることの約束も，そこでしている。

Ⅳ 介入と援助

1．介入の検討

教員とスクールカウンセラーとで，教育的指導後の様子を踏まえて再度協議した。学校の指導では，Kさんは悪いことをしたという認識が薄く，「ごめんなさい」とは謝るもののすぐに「だって携帯電話が欲しかったから」などの言い訳も多かったという。父親は，学校の物を娘が黙って持っていったこと，それも鍵を開けてまで取ったことに対して非常にショックを受けた様子で，今後の学校の指導に協力したいと申し出たという。

そこで，スクールカウンセラーの中で，誰がKさんやご両親に会うかを検討した。①女性のカウンセラーだとKさんが甘えてしまうため，今回の問題を指導の枠として意味づけることが難しいと考えられること，②学校内だけで処理をすると，Kさんがその指導をいつものことというように捉えてしまい，枠としての効果が薄くなることから学校外の機関を利用すること，③今回の問題を，専門機関での診察や検査につなげるリソースとして活用することの3点を考え，元児童相談所の心理判定員（現在の児童心理司）であり，スクールカウンセラーの中でもっとも年長の男性である筆者が会うことにした。

以上の学校内での検討を踏まえて，①Kさん自身の障害等の判定と，②社会的な枠となる役割を児童相談所に依頼した。

2. 「つなぐ」ことによる，関係性の変化

　Kさんとご両親を学校に呼んで筆者が面接を行い，児童相談所で相談や判定を受けることになった。児童相談所には，両親とKさん，それに養護教諭が一緒に行った。

　児童相談所では，こちらの依頼を受けて「どちらかというと事務的に女性の心理判定員が心理検査や判定を行い，さらに男性の児童福祉司が少し厳しくKさんに指導を行ってくれた」と，養護教諭が報告している。児童福祉司が，「窃盗をした子どもは，一時保護してその後に児童福祉施設に行くこともある」ということを，Kさんにわかるように話してくれたときは，学校では見られないほど真剣にKさんが聞いていたのが印象的であったとも，養護教諭は述べている。

　最後に，児童福祉司から「今回はこれで終わりだけど，これから学校の先生やスクールカウンセラーの言うことを聞かないことがあったら，またここに来てもらうことになるよ」と伝えるとKさんは「はい」とはっきり答えたという。

　児童相談所から学校に，以下の報告があった。

〈児童相談所からの報告〉

　Kさんについて：知的には正常レベルで，言語性知能と動作性知能との間には大きな差は認められない。ただし，知能検査の下位項目間にアンバランスが認められ，機械的記憶や図形の認知には高い能力を示すが，言語表現能力は幼く，文脈が読めないところが認められる。

　　注意力に欠ける面があり，社会性に偏りや収集癖なども考え合わせると，アスペルガー障害の可能性が高い。

　児童相談所での判定結果をもとに，母親とKさんに再度筆者が面接を行った。母親は，「今まで変わっている子だと思っていたが，はっきり本人の状態がわかって安心した」と述べている。

　このときの，Kさんとの面接の一部を以下に示す。

カウンセラー：児童相談所に行ってきてどうだった？

Kさん：何か，怖かった。

カウンセラー：学校と，児童相談所だとどちらが好き？

Kさん：学校の方が良い。

カウンセラー：そうか，学校の方が良いんだね。児童相談所に行って，どんなことがわかった？

Kさん：もう絶対行きたくないこと。

カウンセラー：そうか，もう児童相談所に行かないようにするには，どうしたらいいのかな？

Kさん：悪いことしない。

カウンセラー：悪いことしないためには，どうすればいいのかな？

Kさん：先生たちとの約束を守る。

カウンセラー：偉いね，どうしてそう考えたの？

Kさん：相談所の帰りに，S先生（養護教諭）に「もう相談所行きたくない」って言ったら，「Kさんが先生たちとの約束を守ったら，先生たちがKさんを守るよ」って言ってくれたから。

カウンセラー：そうか！　先生たちはKさんの味方なんだね！

Kさん：そうだよ，味方だよ！

　これまでのKさん対学校という構造から，児童相談所が入ることでKさんと学校対児童相談所という三項構造が生まれ，その後は「児童相談所に行かないために」を目標に，Kさんと学校がいくつかの約束を決め，それを実行していった。たとえば，①チャイムが鳴ったら教室へ戻る，②授業中は教室を抜け出さない，③他人の物を勝手に持っていかない，などである。約束は，Kさんと学級担任や養護教諭，それにスクールカウンセラーで話し合って時々変更していった。決めた約束以外の行動については，すべての職員が目をつぶることにし，約束が守られているときは全職員が褒めるようにしていった。

その後2年を経過しているが，学校生活でも家庭生活でもほとんど問題なく，さらに身だしなみも整い，鼻水も消失している。朝は，やはり保健室に来るものの，保健室前の花壇の管理を自分から行うようになるなどの変化もみられた。ただ，雨の日も水をやらなければ気がすまないといった，固執性は残ってはいるが……。

Ⅳ 考 察
──特別支援教育に対するスクールカウンセラーの役割──

今回のKさんのケースを通して，地域の学校がいかにリソース・フルであるのかが理解された。

しかし，その視点で捉えない限り，リソースは存在していても気づかれずにすごしてしまう危険性も認識されたと思われる。そこで，特別支援教育に対するスクールカウンセラーの役割として，いかに学校や地域の持つリソースを見出し，活用していくべきかについて今回のケースを基に検討してみることにする。

1．問題行動をもリソースとみること

Kさんのケースでは，学校内から携帯電話を盗み出すという非常に重大な問題行動が生じている。確かにその後すぐに持たれた学校とスクールカウンセラーとの話し合いでは，事の重大性を指摘する意見や管理体制とその責任を追及しようとする意見も出てきている。

しかし，教員とスクールカウンセラーとのポジティブな同盟関係が形成されていたことから，この重大な問題をKさんの指導につなげるリソースとしていかに利用するかという方向で議論することが可能となっている。このように，一般的には問題と捉えられる事象についても，それをリフレイムすることによって，リソースとして捉えることが可能であることが示されたといえよう。

2．常に変化を意識すること

　スクールカウンセラーが，一般的に考えられる良い悪いといった社会的妥当性に縛られない態度を取り，Kさんのすべての行動を変化として捉えて，そこに変化可能性を認めることで，次の変化につなげていくことが可能となったと考えられる。①で述べた携帯電話の持ち出しも，教員の指導に対して「カウンセラーが言ったから」と責任転嫁してしまったことも，すべて変化として位置づけられる。そして，その変化を評価し対応することで，次の支援へとつなげることが可能となったと思われる。

　また，地域の専門機関（児童相談所など）を利用することを，単にその機関の持つ専門性を利用するとだけ捉えるのではなく，そこで起きた関係性の変化に注目することで，より援助的な関わりが促進されると考えられた。

　そして，このような見方は小さな変化にも目を向けることになり，学校において教員の日常的な教育的関わりによる，小さな変化を評価することが可能となる。そして，その変化をスクールカウンセラーが拡大して教員にフィードバックすることにより，教員の成功の責任追及がなされ教員をエンパワーメントしていくことにつながると考えられる（Murphy & Duncan, 1997）。

3．対立関係をリソース関係に持っていくこと

　心理臨床を行っている私たちは，援助を行うためには信頼関係や良い人間関係を築くことが前提となると思い込まされているところがある。いわゆる，ラポールを形成することが心理臨床活動の前提であるという神話である。援助者と被援助者が良い関係性を築いている方が，そうでない場合よりもスムーズに援助活動が進んでいくことはたしかである。しかし，実際の臨床現場では，常に信頼関係が形成されない限り援助ができないとしたら，ほとんど活動が停止するか，停滞してしまうことの方が多いのではないだろうか。

　臨床現場では，利害の対立関係や敵対関係の中で援助を開始しなければならないことも多い。

　今回のケースでも，教員とスクールカウンセラーとが敵対とまではいかな

いものの，Kさんへの対応をめぐって何度か意見の対立をみている。また，外部機関（今回は児童相談所）を学校が利用することについても，学校教育の敗北と捉えてしまいできるだけ外部機関を利用しないで学校内だけで解決を図ろうとする校長先生がいるという話もよく聞くことがある。ここにも，外部機関と学校との対立あるいは拒否関係が見て取れる。

スクールカウンセラーは，その対立関係を信頼関係に変えることも考えていかなければならないが，反対に対立関係なら対立関係なりにいかに子どもの指導に活かすことができるかとの視点で関わることも必要だと思われる。つまり，学校教育に利用可能で役立つリソースとして，対立関係を位置づけようとする考え方である。

以上のようなブリーフセラピーの視点を持ってスクールカウンセラーが学校に関わることで，学校だけではなく地域全体を特別支援教育のリソース・フィールドとして位置づけることができるのではないかと考える。また，これは特別支援教育に限らず，すべての子どもたちへの援助についても，同様に指摘できることだと思われる。

〔付記〕本稿をまとめるにあたり，文教大学大学院から共同研究費の助成をいただいた。また，ケースの提供に同意いただいたKさんやご家族，中学校の先生方，および同僚のスクールカウンセラーの皆様に紙面をもって感謝の意を表します。

引用文献

秋山邦久(2004)特別支援教育に対する小中学校教職員の意識に関する調査研究．文教大学人間科学部紀要　人間科学研究，26；55-66．

Murphy, J. J. & Duncan, B. L. (1997) Brief Intervention for School Problems: Collaborating for Practical Solutions. Guilford Press, New York. （市川千秋，宇田光監訳（1999）学校で役立つブリーフセラピー．金剛出版）

参考文献

宮田敬一編(2003)児童虐待へのブリーフセラピー．金剛出版．

内山登紀夫，水野薫，吉田友子編(2004)高機能自閉症アスペルガー症候群入門——正しい理解と対応のために．中央法規出版．

第2章

家族へのコンサルテーション

高機能広汎性発達障害ケースに対する家族支援
——ブリーフセラピーとソーシャルスキル・トレーニングの併用——

衣斐哲臣・奥田美和子・八代一司

I　はじめに

1．ブリーフセラピーの四つの理念

　子どもの問題およびその解決に取り組む場合，子どもだけと関わるということはほとんどない。たいていは子どもを養育する保護者・家族，そして必要に応じて保育所や学校などの関係者ともお会いする。子どもが未成年であるということももちろん関係するが，子どもを取り巻く養育環境としての家族や関係者を視野に入れて問題を扱い，その解決を図っている。その方が臨床的に有効であることを日頃の実践から体験しており，このスタンスを「子どもの不適応に対する家族支援」として提示する。「不適応」には，不登校や非行，性格行動上の問題，虐待，発達障害など，子どもに関する問題全般を含むと考えている。

　そしてこの家族支援のスタンスは，宮田（1997）がブリーフセラピーの共通理念として紹介した以下の四つの特徴を持っている。すなわち，「①問題は人の内にあるのではなく，人と人との間にある。つまりブリーフセラピストは相互作用的見解をとる。②言語は重要な地図であるが領土ではない。つまり，治療においては言語だけに頼ってはいけない。やはり，見方と行為の両面からのアプローチが必要になってくるのであろう。③一般的よりもむしろ具体的で特別なクライエントの行動に焦点をあてる。④変化が治療の本質である。このようにブリーフセラピーの共通性は相互作用的見解に基づき，

変化を志向することにある」というものである。

2．軽度発達障害ケースへの家族支援

上記の四つの点を，注意欠陥／多動性障害（ADHD）や学習障害，高機能広汎性発達障害など，いわゆる軽度発達障害と呼ばれる子どものケースを念頭において，家族支援のスタンスから考えてみる。

まず，一つのケースが問題として認識されるのは，はじめにこれらの疾患や実体（＝問題）が存在するからではなく，そこに関与する人々の相互作用によって構成されるからである。つまり，ある子どもの行動や学習特徴や対人関係のあり方を巡るやりとり（＝相互作用）において，当の子ども自身あるいは周りの者が「困る」とか「おかしいと思う」など何らかの不適応を感じることによって，はじめて問題として認識される。これが上記①の視点である。そして，その後も何とかしようといろいろな解決努力が試みられる。解決努力が無効にとどまると，問題は持続し悪循環を引き起こす。やがて，問題とみなされたやりとりの中で，第三者である専門家のもとを訪れ相談ベースに乗る。筆者たちもそこではじめてケースと出会い，問題を巡ってどのような相互作用が行われているのかに焦点をあてつつ，ケース当事者たちの話を注意深く聞かせてもらう。

その際，最近では来所時に「うちの子は ADHD だと思うんです」「アスペルガー障害ではないか」など，診断名を口にされる親も多い。あるいは，すでに別の機関で「広汎性発達障害と言われてます」と言い，その対応についてよく勉強されている家族もいる。ここで，上記②に関連して診断について触れる。診断をつけることは，その子どもを一定の疾患という枠組みで理解することが可能になる（地図の役割は果たす）ため否定するものではない。しかし，必ずしもその子ども像全体がわかるわけではないし，それまでの問題が消滅したり一気に解決するわけではない。反対に，子どもや保護者・家族が診断をどのように受け止めるか，学校はそれを受けてどんな対応ができるのかなど，子どもを巡る関係性や相互作用にどのような影響を及ぼすのか

を考えないと，ラベルを貼ったことにより新たな別の問題を作ることにもなりかねない。

　家族支援の視点はここを重視する。つまり，子どもの問題にアプローチする際には，子ども個人内に原因を求めたり家族環境因を指摘するなど，単に直線因果的な見立てを行うものではない。むしろ，現状の問題は，上述のように問題を巡る人間間の相互作用（コミュニケーションや関わる人の関係性）によって形成され，かつ持続されていると円環的に捉える。そして，相互作用が変わることで問題の扱われ方も変わり，問題のない相互作用へと変化が生じると考える。それゆえ，変化を志向するという④の視点も，決して疾患が治るとか問題がすべてなくなるということではなく，少なくとも当事者が問題を巡って困惑するような人間関係から解放されるということが援助の目的となる。したがって実際の支援は，今行われている相互作用に対してよい変化を起こすための働きかけになるかどうかという見立てのうえに行われる。診断行為も，ケースの相互作用によい変化をもたらす見通しがあってこそ有効となる。

　そのためには，子ども・家族・関係者と援助者は，各自の意向を汲み，できるだけ足並みを揃えた協働的で肯定的な関係を形成しなければならない。これは，家族支援における基本的前提でもある。親が納得していないのに単に子どもにとってよいと思われる方法を押しつけたり，家族は子どもの障害を受容するために医師の診断を受けるべきだとか，学校の教師は障害を理解しているはずだといった援助者側の先入見によって働きかけるというのはまさに禁忌である。広汎性発達障害だから○○するとか，ADHDだから□□するという杓子定規なアプローチも要注意である。③でいう一般的な処方箋的アプローチではなく，ケースごとの相互作用を見立て，相手が受け入れ可能で具体的な行動レベルの働きかけが必要である。

　以上のようなブリーフセラピーにおける四つの理念をもちながら，家族を基本的な単位として，それに関係する人たちを視野に入れて関わるのが筆者らの提示する家族支援のスタンスである。このスタンスに立って，実際の臨

床において具体的なアプローチを行う。その際に用いる方法や技法はさまざまである。極言すれば，相手の相互作用に働きかけるのに有効であれば何でもOKかもしれない。相手に合わせながら援助者が使い勝手のよいものを選べばよいともいえる。本稿では，高機能広汎性発達障害ケースに対し，ソーシャルスキル・トレーニング（社会生活技能訓練，以下SST）を方法論として活用しブリーフセラピー型家族支援を行った実践例を報告する。

3．SSTについて

　ソーシャルスキルは，他者との関わりの中で自分の行動を調整し，対人関係を円滑に進めるための技術や力である。ソーシャルスキルについてはいろいろな考え方や分類がある。たとえば菊池・堀毛（1994）は，社会心理学的立場からソーシャルスキルを100個リストアップし，それぞれについて説明をしている。大きな分類として「基本となるスキル」「感情処理のスキル」「攻撃に代わるスキル」「ストレスを処理するスキル」「計画のスキル」など10個のカテゴリーに分け，それぞれに10個ずつの具体的スキルを挙げた。たとえば「基本となるスキル」の中には，「聞く，会話を始める，会話を続ける，質問する，自己紹介をする，お礼を言う，敬意を表す，謝る，納得させる，終わりのサインを送る」が含まれている。こうなると，社会生活の中で他者と関わる際に必要とされる人間の行動や手段はすべてソーシャルスキルと言ってもいいほどである。したがって，社会で自立していくためには，必要なソーシャルスキルを身につけていく必要がある。おそらく健常な人にとっても，身につけやすいスキルもあればなかなか身につかないスキルもある。

　さらに軽度発達障害の子どもらは，それぞれの特性に伴うスキル獲得の弱さを持っており，対人関係をうまくとれないことが多い。したがって，スキル習得のための訓練であるSSTは，行動や認知面のつまずきを持つ子ども（大人も同様）に社会的な場面での適切な振舞い方を体験させ，状況にあったスキルを身につけていけるよう意図的に行われるトレーニングである。対

人場面での問題を持って相談に来た親や教師にとって，SST は受け入れやすく，上述の対人相互作用に働きかける意図をもったブリーフセラピーの立場とはリンクしやすい。つまり，ブリーフセラピーと SST を併用した家族支援の取り組みは，問題とされる子どもの対人関係の特徴をターゲットにして SST を行い，そこに親と教師らも参加しそれまでと異なる相互作用が生まれるように「今，ここで」の構造を設定することができる点に大きな特徴がある。

II　SST を用いた家族支援の事例

報告するケースは小学校 2 年生男児である。幼児期からちょっと変わっているとされながらも特に問題とされていなかった。本ケースに限らずだが，この年齢で問題視される子がけっこういる。友達関係がうまく築けなかったりルールに乗れないなど，年齢相応に期待される社会性や自律性が伴わず他児に比べて幼さや未熟さが目立ってくる。家庭では幼児期の延長として関わるため気づかれにくく，学校の教師から指摘され親がその実態を知り困惑し，やがて相談に来る。彼らの行動は「ふざけ」「わがまま」「なまけ」と認識されて，注意・叱責され自尊心が低下するということも起こる。本事例もそのような相互作用が行われるようになった中で出会ったケースである。

なお事例の内容は，プライバシー保護のため改変していることをお断りする。

1．概要
A 君：7 歳，小学 2 年，男子
家族：父，母，A 君，弟 2 人
主訴：落ち着きがない，忘れ物が多い，片づけができない。

2．経過
はじめて当児童相談所（以下，当所という）を訪れたのは小 2 の 11 月。

母が学校の担任と養護教諭とともに来所した。家庭では，それまで特に心配することはなかったと母は語った。しかし，生育歴を聞いていくと身体発育は定型的であるが，精神発達面では新しい場面での慣れにくさや落ち着きのなさなど行動上のエピソードがいくつか話された。今回は担任から，学校で整理整頓ができない，落ち着きがないと言われた。母は，さほど問題と思わなかったのだが，ある時学校に呼ばれてこっそり授業を見に行った。本児一人のみが教室内をうろうろしたり，勝手に教室の後ろに座っている様子を見てたいへんなショックを受けた。そこで，教師の勧めもあって来所に踏み切った。この時点でも母は，Aがふざけてこのような行動をしているのだと思うと話した。

担任と養護教諭の話からは，学校での問題行動が語られた。勉強はできる方であるが，授業中離席し一人窓枠にあがり寝そべったり棚の隙間に入り込む，全校集会で校長先生の話に声を出して相づちを入れたり，言葉を字義どおりに受け取って驚くような行動をとるなど，集団の中で協調した行動がとれない。今のところ友達は，A君のことを理解して受け入れておりトラブルはあまりない。声かけをしても自分のやっていることに夢中で伝わらない時があり，担任としてはどう関わったらよいかわからない。ADHDかと思い，いろいろ本を読んで対応を考えたが改善が見られなかったとのこと。

以上のように，母と教師から別々に話を聞いたが，ともに学校場面での適応のためにどうしたらよいか，そしてそのためにできることはするという思いを持っていた。他の家族や関係者も同じ思いであることを確認した。担当からは，A君にも会わせてほしいことと，A君を理解するために心理検査を実施することを提案した。母らはすぐに了解した。

2回目の来所時にA君が母と来所。A君に対し，WISC-Ⅲ知能検査を実施した。A君ははじめての場面でやや戸惑いは見せたが，むしろ淡々と我関せずに振舞った。了解性は比較的よかった。話の流れから担当が〈へえ，A君，賢いね〉と言うと即座に「僕，賢くない！」と否定的な言い方をした。母はどちらかといえばA君の行動に無頓着で，勝手な振舞いには独り言のように

「もぉ！」と嘆息の声をあげた。母は，検査の結果を教師にも伝え助言してほしいと言った。

　知能検査の結果は，知的能力は平均域で言語性と動作性に有意差はなかった。プロフィールの特徴から，視聴覚ともに単純な記憶は得意だが，意味関連性の理解や類推など複雑な処理は苦手であることがうかがえた。

　3回目に母と担任教師が同席。これまでの情報と知能検査の結果を踏まえ，学校での不適応行動をどのように理解し対応したらよいかの説明と提案を行った。知能の遅れはないため知的理解や勉強はできる。ただし，社会性の弱さやコミュニケーションの弱さがあるため，場面が読めなかったり相手の気持ちをくみ取ってやりとりすることは難しい。このことが集団での適応のしにくさにつながっている可能性を伝えた。そうなると集団での不適応は，決してA君の意図的なふざけや怠けからくるものではない。むしろA君の個性であり，そのうちの弱い特性として理解した方がよい。そのうえで周囲の支援が必要である。A君に必要と思われる具体的な課題を，母と担任らも一緒に参加し取り組んでみることもよい。このように説明した。そしてA君が必要なスキルを獲得できるように関わる方法として，SSTという方法があると提案。筆者ら担当も含めた協働的な支援体制を作っていった。これに母も担任もすぐに興味を示し，早速次回からSSTを実施する運びとなった。

　なお，A君の医学的診断について，担当は高機能広汎性発達障害の特徴を持った子という理解枠を持っていた。初期の段階で母に対し児童精神科医を紹介したが，担当の説明および取り組み方で十分であり診断はいらない，と母は明言した。それゆえ，それ以上はその後も担当からは触れていない。担任教師も母の思いを了解した。

　通所回数はおよそ月2回で，1回の時間は1時間半。約1年間継続し，計18セッションを行った。A君と母と担任がそろってほぼ毎回参加。その他，父が2回，弟二人が1回参加した。スタッフは，原則2名（児童心理司と児童福祉司）で対応した。

3．SST 活用の家族支援の実際
1）進め方
セッションは以下のように進めた。
　①はじめのあいさつ
　②SST のテーマと目的の説明
　③ソーシャルスキルのロールプレイ
　④工作
　⑤振り返り

　セッションの最初には，来所時のA君との関わりの様子を見ると同時に，近況を聞いた。特にA君が頑張ったことやできたことには，家族や学校の関わりを含めてできるだけ肯定的な意味づけを行った。その後，A君が理解しやすいように，ホワイトボードに進行表と SST のテーマを書き，終わったら順次消していった（視覚的構造化）。セッション中の約束ごと（たとえば，人の話は相手の顔を見て最後まで聞くなど）とその SST をなぜ行うかということの確認を行った。たとえば，「あいさつ」のトレーニングの時には，どうしてあいさつをするのかということをA君と一緒に母や教師にも考えてもらい，あいさつの仕方（体の向き，態度，声の大きさ等）を具体的に共有した。そして，実際にロールプレイを行った。まずはじめに，スタッフ同士がロールプレイを行いモデルを示した後で，A君を含めて皆でロールプレイを繰り返し実施した。A君が行ったロールプレイには，常にプラスの評価を与えながら行った。

　SST 後の工作は，A君が楽しめるものであり訓練セッションへの動機づけを維持するための，いわばご褒美であった。スタッフとの遊びの時間でもあるが，工作を仕上げるというスキル・トレーニングでもある。A君は，どちらかといえば SST よりも工作の時間を楽しんだ。この時間は，もう一人のスタッフが母（時に教師も）に親訓練を意図した面接を行った。そして，セッションの最後に，参加者全員で全体の振り返りを行い，A君が頑張れたことについて再度評価した。

2）実施したSSTのテーマ

　SSTは，上述のように社会生活のさまざまな側面を扱うことができるが，ここでは特に学校場面で必要となる，友達とうまく関わるためのコミュニケーションスキルをテーマにした。実施したテーマは國分（1999）を参考にして，「あいさつ，上手な聴き方，質問する，あたたかい言葉かけ，やさしい頼み方，気持ちをわかって働きかける，忘れ物チェック，物の借り方，共感する，ゲームをする」などであった。

3）ロールプレイの実際

　次に「あいさつ」をテーマにしたときのロールプレイの様子を逐語で再現してみる。

＊スタッフ（S1，S2）とA君のロールプレイ

S1：（A君を見て）こんにちは。

A：こんにちは。（違う方向を見て言う）

S2：ちょうどいい声だったね，体の向きをこちらに向けるともっといいよ。

S1：こんにちは。

A：こんにちは。（体を向ける）

S2：（拍手）ちゃんと体の向きをこちらに向けたね，声もちょうどいいし，とってもよかったです。次は，相手の顔の方を見て言ってみようか？

S1：こんにちは。

A：こんにちは。（顔を上げて言う）

S2：（拍手）とってもよかったね。声も体の向きも，顔を上げてたのもとてもよかったよ。このようにあいさつされたらどんな気持ちになるか，S1さんどうですか？

S1：今みたいにあいさつしてもらうと，とても気持ちがいいです。

＊母と子どものロールプレイ
この後，母とA君にもロールプレイを行ってもらった。
母：おはよう。
A：おはよう。(少しふざけた声を出す)
母：(黙って，Aをにらむ)
A：お母さんこわい，顔が怒ってる〜。
母：………
A：………(母の顔真似をする)
スタッフも参加して，もう一度行った。
母：おはよう。
A：おはよう。(小さい声)
S2：すぐに，おはようって言えたね，もう少し大きい声だともっといいよ。お母さん，もう一度お願いします。
母：おはよう。
A：おはよう。
S2：今の声，よかったよ。お母さんどうですか？
母：今みたいな声ならいいかな。(笑い)
A君もちょっとだけ嬉しそうである。

＊担任と子のロールプレイ
担任にも学校の中で必要となるあいさつ場面を考えてもらい，ロールプレイを行った。
担任：はい，今日の給食のお当番さん，よろしくお願いします。
A：………
A君は黙ったままであった。担任が，あいさつの仕方を具体的に説明した。A君はしっかり聞いていた。
担任：はい，今日の給食のお当番さん，よろしくお願いします。
A：皆さん，用意はいいですか？　手を合わせて，いただきます。

担任：（拍手）わー，すごくよかった。A君がきちんと言ってくれたのはじめて聞きました。すごく，上手に言えたと思います。（笑い）

　これだけでも担任にとっては実際に驚きだったのだろう。率直に評価をした。このようにA君が行ったロールプレイには拍手を送るなど，できるだけプラスの評価をした。A君は，評価を素直に喜び意欲を高められる子であった。SSTで扱う内容は，A君が苦手とすることであった。だから，嫌がらずに取り組んでもらうポイントは，"できたこと，頑張ったことについては，すかさずほめることである"と説明し，母や担任にも通常以上に意識して取り組んでもらった。理屈は簡単なようだが，何よりスタッフの意欲が高くないと親や担任の変化につながらない。

4．その後の経過

　以上のような具合にSSTを使った取り組みを重ねた。担任もこの方法を学校で取り入れるよう努力した。SSTの成果は，たとえば上記のようなあいさつの練習をすると，すぐにその翌日から現れた。練習どおりにあいさつをし，授業中座っている時間が長くなり，給食時の当番も他の生徒の動きに合わせてうまくやれた。参観日に離席せずに最後まで座っていられたのも快挙，と母と担任は素直に喜んだ。周りの評価はA君の望ましい行動を強化した。いったん獲得したスキルの定着も比較的よかった。

　一方，学校の適応がよくなった分，遊戯用カードを執拗に要求したり祖母宅でお金を取るなど家庭でやりにくくなったと報告があった。母の対応の仕方を聞くと，以前のように感情的に怒らず冷静に禁止ルールとほしいものの要求の仕方を伝えたとのこと。A君は神妙に聞いていたとのこと。担当は母を十分支持した。この後ぐらいだろうか，上記の逐語にあるような母とのロールプレイでA君が妙にふざけるように振舞う場面が，徐々になくなっていった。この点を担当は，比喩的だが〈A君の心に届くコミュニケーションをお母さんがしてあげられるようになったからではないでしょうか〉と評価した。

そして7回目のセッションの頃，A君は小3になり担任が替わった。5月になりA君の落ち着きが再びなくなり忘れ物が増えた。家でも通所時でも，やや落ち着きを欠いた。新担任教師はA君の行動を見て「怠けている」と評価したらしく，母は「学校は担任が替わると対応が変わってしまう」と嘆き担当に泣きついた。さらに母は「父親に話すと，学校はそんなものだから支援を求めても仕方がない。俺も昔はAのようなところがあった。AはSSTが受けられていいなぁ……と言っていた（笑い）。でも実際そう思います……」と話した。

このことを受けて，担任教師と面接を行った。担当からは，これまでの経過と高機能広汎性発達障害の特徴を踏まえ，A君のコミュニケーション様式や実際の有効な関わり方などについて説明した。担任は，納得がいくまでじっと耳を傾けた後「私の理解が間違っていたかもしれない。もう一度，前担任の話も聞く。母は『怠け』という私の言葉にショックを受けたようだ。どうしたらいいか……」と率直に話した。それを聞き担当は〈先生さえよければ，『怠け』ではないことの説明を聞いてきたと率直に話されることが，お母さんの安心になると思う〉と伝えた。「そうします」と担任は言った。その後，関係は改善し担任と母はセッションに一緒に仲良く参加することができた。

また，担当の勧めに応じて父もSSTに参加した。最初，A君はいつもより落ち着かなかった。その幼稚さに父はあらためてビックリしていたが，「物を借りる」ロールを両親が真面目に演じると，A君も上手に反応した。その次に父が参加した時，A君の幼稚な振舞いは減り落ち着きを見せた。これらのA君の反応の変化は，状況の違いの影響をA君が知らずのうちに大小さまざまに受けており，まさに関わる人との相互作用によって変わることを示していると思われた。このような説明をすると，両親と担任は接し方の重要性を再認識した。

1年が経過し，A君は片づけの苦手さは依然残っているが，授業中に離席することはなくなり，友達と一緒に集団行動に入ることができるようになっ

た。A君自身は，SSTを用いた当所への通所指導を通して，何が変わったということはあまり感じていないようだが，ただ「周りの人に怒られることが減った」と話した。母と担任は，A君の特徴を理解するとともに成長を感じることができたと語った。父もそれなりにA君と遊んでいるとのこと。母らがその後も通所を希望したため，同様に個別支援を行った別の男児二人と一緒にグループSSTセッション（4カ月，9回）を行った。母は親グループでペアレント・トレーニングに参加した。さらに小4になり個別面接にてフォローアップを行った。

Ⅲ 考　察
── SSTを用いたブリーフセラピー型家族支援について ──

1．協働体制の形成

　高機能広汎性発達障害に限らず，いわゆる軽度発達障害の子へのSSTの適用については，すでにいくつかの実証研究がある。本稿ではSSTの有効性を伝えることが目的ではないので，むしろ，その実証された方法論を活用したブリーフセラピー型の家族支援の枠組みについて強調しておきたい。つまり，単に子どもをSSTに導入し対人スキルを学習させるという取り組みではなく，問題視されている子どもの日常生活や対人関係状況を十分考慮しながら問題を巡る相互作用に働きかける取り組みである。そのためには，子どもを含めた家族や関係者のそれぞれの思いや意図を理解し，それに合わせながら解決に向けて取り組む動機づけを高め，協働できる枠組みを提供することが最大の優先課題である。

　本ケースの場合，SSTを用いた枠組みは，A君の学校での問題行動にどう対応すればよいかわからず支援を求めた母や教師の主訴に合わせた形で導入しており，比較的スムーズに受け入れられた。特に学校場面を想定したSSTは，教師にとってもA君への対応の仕方への具体的なヒントとなった。さらには，SSTの中で用いた視覚構造化やモデル学習，反復練習などの手

法は，どちらかといえばA君が得意とする特性に合わせたものでA君にとっても取り組みやすい状況であったと思われる。また，協働体制はいったん形成できたとしても，たとえば担任が替わったように種々の状況の変化により変わるものである。そのつど，調整や柔軟な対応が必要である。

2．「今，ここで」の働きかけ

　SST場面は，目の前で起きている子どもと家族あるいは教師との関わりを評価することができ，子どもだけでなく家族や教師にも肯定感を与えることができる。つまり，「今，ここで」のコンプリメント（賞讃）を与えることができるメリットがある。普段，叱られ体験が多いA君に対し，肯定メッセージを伝えることで自己評価を高める意味合いもある。この点は，スタッフの姿勢ややり方をモデルにして，母や教師にも徹底して意識してもらった。A君にとって当所への通所体験は，実際に心地よいものだったようである。

　変化する子どもの姿を見て，母や教師の関わり方も変化していった。相互作用であるから，母や教師の変化により子どもが変化したとも言い換えは可能である。上述のように担任が替わることで相互作用が変わり，A君は不安定になり母は困惑し父は無関心を表明したが，担任との話し合いにより協働体制を再構成することができた。そして，子どもの普段の行動も変化した。この変化がさらに，母や教師の子どもへの見方や認識を変化させ，子どもを取り巻く環境を変えていった。担当は，母や教師に対しても一貫して支持を送った。ついでながら，スタッフの意欲や肯定感情がケース全体に与える影響は大きいため，担当同士も常に話し合いエネルギーを充電するように心がけた。

3．医学的診断の扱いについて

　高機能広汎性発達障害の子どもたちは，知的能力の弱さはなくても，社会性やコミュニケーション能力および想像力の弱さという特性を持っている。普段の生活の中からソーシャルスキルを身につけるということも，健常な子

より苦手である。この苦手さゆえに，子どもはそれぞれの生活や対人場面の中で特有の問題を形成する。A君の場合はコミュニケーション能力が比較的高かったためか，幼児期まではさほど問題とされなかった。だが小学校に入学し，次第に学校での不適応が指摘され問題視されはじめた。この頃になって医学的診断を受けるケースも多くあるが，A君の母はそれを希望しなかった。そこで筆者らは，A君自身の特徴を診断に基づく特性としてではなく個性の中の特性として説明し，保護者，教師そして筆者らの協働体制による支援を継続した。つまり，診断は支援にとって必ずしも必要条件ではなく，継続的な経過の中で，A君をはじめ家族や教師に対し望ましい関わりと変化の体験を提供することこそが重要であった。

これでA君のいわゆる障害がなくなったわけではないし，今後成長に伴い新たな問題が生じるかもしれない。しかし，少なくとも以前のようにA君を問題であるとみる家族や学校内のコミュニケーションは影を潜めた。そして，これらの体験は，家族が問題解決の能力や手段を獲得する機会になり，今後につながると思われた。

4．ブリーフセラピーは援助者側の枠組み

ブリーフセラピーの実践は，クライエントとの協働関係を重視しつつ支援の枠組みを設定し，そこで交わされている対人相互作用に変化を促し，問題状況を解消していこうという取り組み方である。本ケースにおける家族支援の枠組みと流れも，まさにそれと同義であった。別のケースでも同様な枠組みで有効性を経験しており，「SSTを活用した高機能広汎性発達障害ケースに対するブリーフセラピー型家族支援」の一つのモデルアプローチを提供できたのではないかと考えている。

ただし，ケース側から家族支援そのものを求められたわけではない。上述のブリーフセラピーの四つの理念を含んだケースとの関わりは，あくまでも筆者らの枠組みであり視点である。A君から見れば「周りの人に怒られることが減った」という自覚かもしれないし，母や教師から見ればA君がソーシ

ャルスキルを身につけて成長したという変化，あるいは自分たちがA君の特徴を理解し対応の仕方がわかってきたという変化とみるかもしれない。もしかしたら，父はそれほど変わらずわが子を見ているのかもしれない。対人相互作用の観点からは，それをどのように切り取っても間違いではなく，そこで起こっている事象が問題とみなされないもので，別の望ましい関わりがあればそれで十分と考える。ブリーフセラピーの考え方および家族支援のスタンスは，疾患や病理に焦点をあてるよりも，人間に対する可能性と肯定感を持ち，問題を乗り越えた家族および周囲のリソースをエンパワメントしていく。その意味では，比較的楽観的な視点に立ったアプローチといえる。

　それでも，特別支援教育の対象にもなるいわゆる軽度発達障害ケースにおいて，必ずしも楽観的ではいられないのが現状であろう。弱い領域の改善を図ろうとすれば，繰り返しの学習や教育の工夫が必要になる。高機能広汎性発達障害だけではなく，障害をもった子どもの発達支援のためには，子どもと関わる家族，それに学校や地域を含めた第三者の理解と協力をもとにした長期的な取り組みが必要となる場合も多い。だからこそであるが，必要以上に問題視したり深刻になるよりは，必要な手だてを尽くしたうえで楽観的に関わることを推奨したい。

Ⅳ　おわりに

　特別支援教育制度の理念は，障害を「支援を必要とする個性」と認識し，子どもの個性に応じて将来につながる支援をしていくことにあると，筆者らは解釈している。教育現場における実践は緒に就いたばかりである。理念に実践が伴うためにも具体的なアプローチが是非必要である。ここでは，高機能広汎性発達障害ケースに対しSSTを用いた家族支援に，教師が関与した事例を報告した。問題をめぐる悪循環的な相互作用から早期のうちに脱却し，関わる者が肯定的な動機づけを保ちながら子どもに対するスパイラルステップな発達促進が行われる。そんな実践的なブリーフセラピー型のアプローチの参考になればと思う。

〔追記〕本稿執筆に際し，編者である宮田敬一先生に，特にブリーフセラピーの観点についてご指導をいただきました。謝意を表します。

引用文献

菊池章夫，堀毛一也(1994)社会的スキルの心理学．川島書店．

國分康孝監修(1999)ソーシャルスキル教育で子どもが変わる「小学校」．図書文化社．

宮田敬一(1997)ブリーフセラピーの現状と今日的問題．（宮田敬一編）解決志向ブリーフセラピーの実際，金剛出版，pp.11-27．

ADHDの中学生を抱える家族支援

金山　健一

I　軽度発達障害とコンサルテーション

1．軽度発達障害の捉えかた

　特別支援教育では〈問題の子ども・手のかかる子ども〉から〈援助の必要な子ども〉へと捉え直すことが求められている。コミュニケーション，対人関係，認知，情報処理，注意，衝動性，読み，書き等に代表される軽度発達障害児の課題は，個人の心理的問題ではなく，「環境」によるところが大きい。これらの課題は，環境との相互作用を基盤とした相互システムで検討していく必要がある。なぜなら，システム理論では，全体は部分の総和以上であり，システムは変化に抵抗する傾向を持つ。つまり，システムの一部が変わるとそれが他の部分にも影響する（Cooper, 1995）からである。

　後藤（2003）は，「障害という問題を構成する要因関連図」を立体で表した。筆者はこれを，WHOの障害概念とシステム理論の立場から捉え，X軸を「障害の程度」，Y軸を「子どもを取り巻く環境要因」，Z軸を「環境要因から受ける影響」とした（図1）。

　WHO（世界保健機関）は1980年に「WHO国際障害分類試案」を発表し，以下に示す三つの障害をWHOの正式な分類（1993）とした。

- 機能障害（impairment）……広義の「障害」概念を取り入れ，疾病の顕在化したもの
- 能力障害（disability）………「機能障害」から実際の生活の中で活動能

図中:
- 環境要因から受ける影響（Z軸）「社会的不利」
- 子どもを取り巻く環境要因（Y軸）「能力障害」
- 障害の程度（X軸）「機能障害」

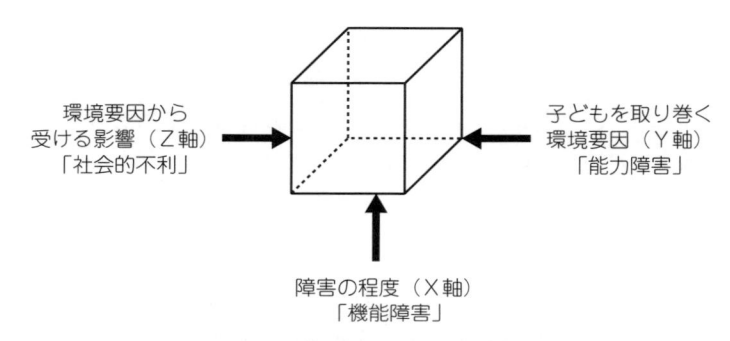

図1　軽度発達障害児の障害の大きさ

力が制限されること
- 社会的不利（handicap）……「能力障害」から通常の社会的役割を果たせなくなること

「機能障害」は図1のX軸，「能力障害」はY軸，「社会的不利」はZ軸に相当する。この三つの障害のうち，「能力障害」「社会的不利」は，明らかに「環境」との関係性の中で起こり得るのである。

その後，WHOは前述の試案を改訂し，「国際生活機能分類：ICF」(2001)を作成した。障害というマイナス面だけに焦点をあてるのではなく，その人の生活機能というプラス面に焦点をあてて分類する方向転換を図ったのである。これは，ブリーフセラピーでいうところの〈例外探し〉と合致し，環境との関係性は〈リソースの活用〉と同じ意味を持つ。

特別支援教育は，WHOによる障害概念の変遷から生まれた（山崎，2005）。国連総会における「障害者の機会均等化に関する標準規則」(1993)は，機会の平等・形式的平等から，結果の平等・実質的平等への転換を図った。これらを実現するためには，障害者へのエンパワメント（意欲・能力の向上）とアドボカシー（権利擁護）が必要であり，各システムの援助者によるコンサルテーションが有効である。

2．コンサルテーションと相互システム

　コンサルテーションとは「異なった専門性や役割を持つ者同士が子どもの問題状況について検討し，今後の援助のあり方について話し合うプロセス（作戦会議）」（石隈，1999）である。コンサルテーションには主に二つの形態がある。一つは，保護者に対するコンサルテーション，もう一つは，教師間で行われる相互のコンサルテーションである。前者は，学級担任や特別支援コーディネーターが保護者に対して行うもので，後者は学級担任や特別支援コーディネーター，生徒指導主事，学年主任，養護教諭，校長などがお互いの専門性を発揮し，チームとなって援助サービスを行うものである。特別支援教育で設置が求められている校内委員会と一致するのは後者である。特別支援教育では，これら二つのコンサルテーションが，相互システムとして互いに機能することが効果的である。

　子どもは，家族システムと学校システムの相互作用の中で生きており，これらは複雑かつ重層的に絡み合う。同様に，教師は，学校という大きなシステムの中に組み込まれてはいるが，自分自身が独立したサブシステムであり，相互作用している存在であることを認識しなければならない。これは，観察者は観察されるシステムの外（第1次サイバネティックス）にいるのではなく，全体の中に含まれるという，第2次サイバネティックス（Hoffman, 1985）の考えである。

3．解決志向型コンサルテーション

　森（1998）は，倒壊した家の下敷きになっている人を救出しようという時に「なぜ，この家は倒壊したのか」「どこに責任があるのか」と議論しても始まらない，この議論から救出の方法論は出てこない，という。解決は問題と切り離し，単独でも構築できる。ブリーフセラピーは「どうなりたいか」「どうなればいいのか」と問い，解決や未来に焦点をあてる。具体的なコンサルテーションの流れを以下に示す（図2）。

図2　解決志向型コンサルテーション

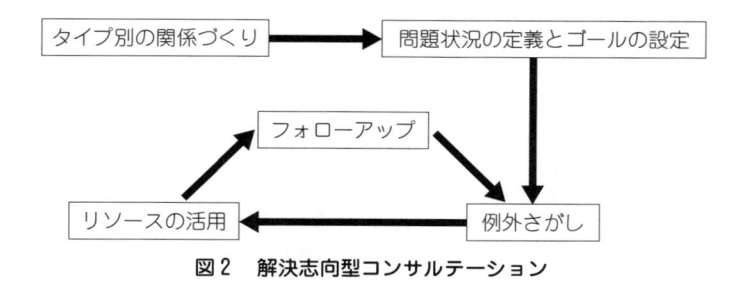

Ⅱ　保護者のタイプ別家族支援

1．家族システムの理解

　生徒指導の場面で，保護者を学校に呼んだが来られなかった時，「無責任な親だ」「あの親に育てられたから子どももダメなんだ」と愚痴をこぼす教師もいる。しかし，保護者の立場から言えば，現実問題として急に仕事を休めない，休んだ場合は収入が減り，ひどい場合には解雇される，という不安のため学校に行けないこともある。また，乳幼児や高齢者の面倒を見る人がいない，という場合もある。家族へのコンサルテーションでは，養育能力，家族関係，家族内のトラブルや葛藤に加え，保護者自身が抱える心身の疾患や心理的不安定さ，経済的困難さや地域社会との関係など，さまざまなシステムを理解することが必要である。ADHDの子どもを持つ家庭では，家族関係のもつれや不和が発生しやすい。家庭を支援するには，学校・福祉・医療・心理・地域の援助機関との多重システムをリソースとする「社会資源」とのシステム再構築が必要である。

2　保護者の三つのタイプ

　ブリーフセラピーでは，クライエントを，1）ビジター，2）コンプレイナント，3）カスタマーの三つの型に分ける。保護者が子どものADHD症状をどのように認知しているかで，コンサルテーションの方略が異なってくる。以下，三つのタイプ別に特徴と具体的方略を示す。

1) ビジタータイプ

「家では特に困っていない」「うちの子が特にひどいわけではない」という保護者のタイプである。問題があるという認識のない保護者で，教師に呼ばれて学校にやってくるタイプである。このタイプは，連携の必要性をあまり感じていない。したがって，保護者に問題を指摘し，問題を認識させようとするより，保護者が受け止められる情報を提供する方が効果的である。「このような配慮をしたら，〜ができるようになりました」という具体的な情報提供である。肯定的な小さな変化を伝えることで，連携に対する抵抗感を少なくすることが目標となる。

2) コンプレイナントタイプ

「学校の対応さえ変わってくれれば，うちの子どもはよくなる」「子どものトラブルは，私の力ではどうにもならない。子どもにしっかりするように言ってください」という保護者のタイプである。保護者は，問題の存在は認めるが，保護者自身が子どもの問題解決の一部だと認識せず，問題解決は自分以外のところにあると考えている。このタイプの場合は，保護者の考えに寄り添い，変化が必要な人・状況に焦点を合わせることが効果的である。幼稚園や小学校時代から，頻繁に教師に呼び出されて注意されたり，しつけができていないと言われた経験のある保護者は，教師に対して防衛的である一方で「いつ問題は改善されるか，大人になったらどうなるのか」という不安を抱えている。したがって，子どもの問題は子育ての影響ではないことを伝えるとともに，その不安を受け止めることが大切である。まずは「これまでうまくいった方法を教えてください」と尋ねることから始めたい。

3) カスタマータイプ

子どもの問題に気づき「何か問題がありそう」「何とかしないといけない」と思っているが，どうしたらよいのかわからない保護者のタイプである。問題があると認識し，進んで問題に取り組む気持ちがある。したがって，このタイプの保護者には，今までの子育ての話を聞くだけではなく，将来の解決に向けてリソースを検討し，すでにある解決をさらに意図的に続け，広げて

いくよう伝えることが必要である。また，教師以上にADHDについて勉強し，学校への要望を強める保護者もここに含まれる。連携へのニーズは高いが，教師からのアプローチが子どもの問題の指摘，家庭への依頼だけでは，うまく連携できない。保護者と教師がアイデアを出し合えるようなコンサルテーションが必要である。「問題が比較的起こらないのはどのようなときか」「今できていることはどのようなことか」という情報を出し合いながら，保護者と共に解決を考えたい。

Ⅲ　ADHDの中学生の保護者へのコンサルテーション

1．中学生のADHDの特徴：反抗挑戦性障害の対応は難しい

　ADHDはサブタイプとして「不注意優勢型」「多動性－衝動性優勢型」「混合型」がある。「多動性－衝動性優勢型」と「混合型」は，衝動性，攻撃的行動，自己中心的行動，キレやすい傾向がある。「不注意優勢型」は，選択的注意や注意集中ができないために，ぼんやりし，周囲で起こることに気づきにくい。そのため，話をよく聞いていない，物の紛失，忘れ物が多いなどの傾向がある。これらの二次的問題としては，規則違反や不適切な行動を叱られることによる自己肯定感の低下，万引きやいじめ，怠学など問題傾向のある生徒との交遊が挙げられる。場合によっては，不登校や非行に走ったり，いじめや暴力の対象になることもある。「怒りっぽく，他の子どもに乱暴し，注意しても平気な顔をする。失敗を他人のせいにし，扱いにくい」といったODD（反抗挑戦性障害）を合併した子どもは，全体の約半数に認められ，男子に多いという（岡田・星，2004）。

2．ADHDの中学生の事例

　A男は中学2年生。担任から「授業に集中できない。忘れ物が多い。学級ですぐケンカをする。反抗的な態度があり心配だ」と相談があり，教育相談係の筆者が保護者と面接することになった。

　1）概要

家族構成：父，母，Ａ男，弟（小６）の４人家族
面接形態：母親，学級担任，教育相談係の３人（教育相談室）

２）母親からの情報

①小学校の話

入学式の日から目立つ行動が多く，学校からよく呼び出された。普通に育てているつもりなのに……と悩んだという。６年生の担任からは，毎日電話で，できないことを伝えられた。PTAの集まりでは「今までどんなしつけをしてきたのか」「うちの子が授業に集中できない」と苦情を言われたことがあったと涙ながらに訴えた。

②中学校の話

授業についていけない。家では授業道具も自分で用意できない。高校に行けるかどうかが心配と話す。

③家庭での話

反抗的な態度や行動が多い。弟にちょっかいを出し，我慢できずに叩いてしまう。「整理整頓をしなさい」と言うと，すぐ「あとで」と言い，まったくしない。そのため，Ａ男に対して感情的になっていた。父親は，苦労をあまり理解してくれず，「おまえが感情的になるからＡ男が反抗的になる」と言う。

３）学級担任からの情報

友達に「遊ぼう」と急に言い，相手から無視されたと思うと，ケンカになる。友人関係がうまくできないようだ。また，問題行動を起こす生徒たちと行動し，所属感を満たそうとするが，真から相手にはされてはいない。最近は，教師に対しても攻撃的なところがある。

４）初回面接：ゴールの設定とリソース探し

「もし，Ａ男の問題が解決できるとしたら，どうなっていると思いますか」と尋ねた。母親は「学校でも友達と仲良くして，家では弟とケンカをしないでほしい。できれば高校に行ってほしい」というゴールのイメージを語った。次に「今まで，うまくいっていることは何ですか」と尋ねた。担任は「授業

でも，いろいろな活動でも，名前を読んで意識を向けさせてから，短い指示を出すと，少しうまくいく」という。それを聞いていた母親は「きちんと片づけなさい」より，「何を，どこに，どのように片づけて」と言ったほうがよかった，「ドアを閉めなさい」より「ドアを閉めてくれる？」，「勉強しなさい」より「何時から勉強はじめる予定なの？」という応答が効果的であったことが語られた。最後に「効果があったことを続けてみましょう」と伝え，2週間後に再び会う約束をした。

　5）システム：悪循環を断ち切る

　学級では，否定的評価が繰り返され，自尊感情は低下し，周囲からの反応を否定的に受け止めやすくなっていた。安心感のない状況で悪循環になっていたのである。一方，家庭では両親の言い争いが多く，落ち着かない状態であった。母親は「あの時の～がいけなかったのだろうか」と過去志向の原因探しをする。保護者の不安や緊張感が，子どもの側には甘えたくても甘えられないという緊張感を生み，家庭の機能が成立しなくなっていた。学校・家族のシステムの両方が，A男にとって悪循環となっていた。

3．問題状況の定義とゴールの設定：「問題の話」から「解決の話」へ

　教師と保護者で問題状況の具体的な定義を行う。ここで重要なのは，問題ではなく問題状況の定義であり，原因探しではない，ということである。「誰が，どの程度，どのように，その問題に困っているのか」を，学校・家庭の両面から整理する。母親の「家では弟とのケンカが多い」との答えに，「もう少し具体的に教えてもらえませんか」と尋ねる。すると「週に2回は，A男が弟にちょっかいを出し，すぐ叩いてしまう」と客観的事実や行動で説明できるようにする。ここで「週5回はケンカしない」ことが〈例外さがし〉〈リソース〉として発見できる。コンサルテーションは，子どもの問題状況の理解と，それに対して教師と保護者はどう関わるのかの検討である。重要なのは「これから起きる解決」「すでにある解決」である。「問題の話」から「解決の話」への，具体的な展開が大切である。「もし，問題状況が解決した

とすると，どのようになっていますか」「5年後の解決像はどのような感じですか」と，ゴールのイメージ像を〈ミラクル・クエスチョン〉や〈タイムマシン・クエスチョン〉を用いてイメージ化していく。家庭と学校の二つのシステムの相互作用として，解決後のイメージを組み立て，好ましい行動の連鎖を図るのである。

4．例外さがし：家族システムと学校システムの両面から

〈例外さがし〉とは「すでにある解決」のことである。家族へのコンサルテーションでは，家族にとっての良好な状態，うまくやれていることを詳しく語ってもらう。「少しは良かったと思えるようなことは，いつ，どのようなときにありましたか」「最近あったことで，これからも続くといいと思えることは，どのようなことですか」と，すでにある解決である〈例外〉について質問する。家族にとっての「すでにある解決」が，家族メンバー間の相互作用で起きているという認識を持てるようにする。保護者は，子どもが学校でよりよく生活できることを望んでいる。保護者ばかりに〈例外さがし〉を求めるのではなく，教師からもプラスの情報を提示したい。

5．リソースの活用：「だれが」「いつ」「何を」するか

システム理論では，学校での学習面・生活面と家庭面のリソースが相互に関連している。家庭面での小さな良好な変化が，学校での良好な変化を引き起こす。当然，逆も起こりうる。保護者は，家庭の変化のみに焦点をあてられると，責められているような感情を持つ。本人のリソース，家族のリソース，学校のリソースをリストアップすることが必要である。A男はADHDの子どもではなく，ADHDという「部分」を持った子どもと理解する。リソースを活用してこの「部分」をコントロールできれば良いのである。各場面で問題行動を減らすのではなく，リソースを活用して状況を改善し，適切な行動を増やすことが援助方針となる。問題状況を起こす時間・場所・人・状況は限定されている。「どうやってうまくやったのですか」と関心を向け，

家族の力，リソースをさらに引き出していく。リソースの活用では，「様子を見る」「何らかの支援が必要」ではなく，「どの部分は学校で」「どの部分は家庭で」「どの部分は外部機関で」と役割を分担し，「だれが」「いつ」「何を」するかを具体的にする。A男の保護者は，校内委員会に参加し，教育支援計画を検討した。その結果，学校体制で支援してもらっているという心の安定が保護者の中に生まれた。担任は，家庭訪問でA男の趣味・特技を発見し，リソースとして活用した。

6．フォローアップ：変化のシステム化

　保護者がコンサルテーションにおいて選択された問題解決の方略を実践しても，解決できない場合もある。教師は，保護者のニーズを考慮して校内委員会を開き，方略の修正を行い，学校体制でサポートを継続する。たとえば，学級担任からの情緒的サポート「お母さん，頑張っているじゃないですか」，進路担当者からの情報的サポート「高校の資料持ってきました。説明しますね」，特別支援コーディネーターからの道具的サポート「こんな支援が役立ちそうです」，学年主任からの評価的サポート「あの方法はうまくいきましたね」などである。問題解決に向けて成功した方略がある場合は「この方法はうまくいきました。継続していきましょう」と，変化をシステム化していく。白木（1994）はディ・シェイザーとバーグの，解決志向ブリーフセラピーの中心哲学となる三つのルールを紹介している。

- ルール1　もしうまくいっているのなら，それを直そうとするな。
- ルール2　もし一度うまくいったなら，また，それをせよ。
- ルール3　もしうまくいかないのなら，何か違ったことをせよ。

　A男の保護者は，「〜しなさい」から「約束は何だっけ？」という問いかけに変え，生活面では，忘れ物，整理整頓，身だしなみ，部屋の掃除等の小さな変化を褒めた。自分のことは自分ですることを目標に，スモールステップで小さな成功・努力を認め，自信をつけさせたのである。

Ⅳ　教育課程で支援する

1．特別支援教育の支援構造

　筆者は中学校教師の経験から「学校は心理主義に陥ってはならない。また，学校の最大のリソースは教育課程・学校運営・学年経営にある」と確信している。特別支援教育も含め，いじめ，不登校，非行などの予防的対応も，学校の教育課程でストラテジー（戦略）を立案する。アメリカのスクールカウンセリング・プログラムは，国家基準で制定され，学業的発達・キャリア的発達・個人的－社会的発達の3領域で，幼稚園から高校までの系統的カリキュラムがある（中野，2000）。わが国においても，学校のリソースを総合的にプロデュースし，教育課程を立案し，子どもを支援するべきである（図3）。

1次支援　特殊教育／通常教育

教育課程で全生徒を支援
○学級経営，保健室経営，教育相談室経営
○総合的な学習の時間，道徳教育，学活，行事
○進路指導，キャリアガイダンス
○チームティーチング・習熟度別・少人数教育
○構成的グループエンカウンター，ピアサポート，サイコエデュケーションなど

2次支援

チームで問題を抱える生徒を支援
（不登校，いじめ，非行，学級崩壊，ADHD，LDなど）
○学年会，生徒指導部，教育相談部
○コンサルテーション・校内委員会など

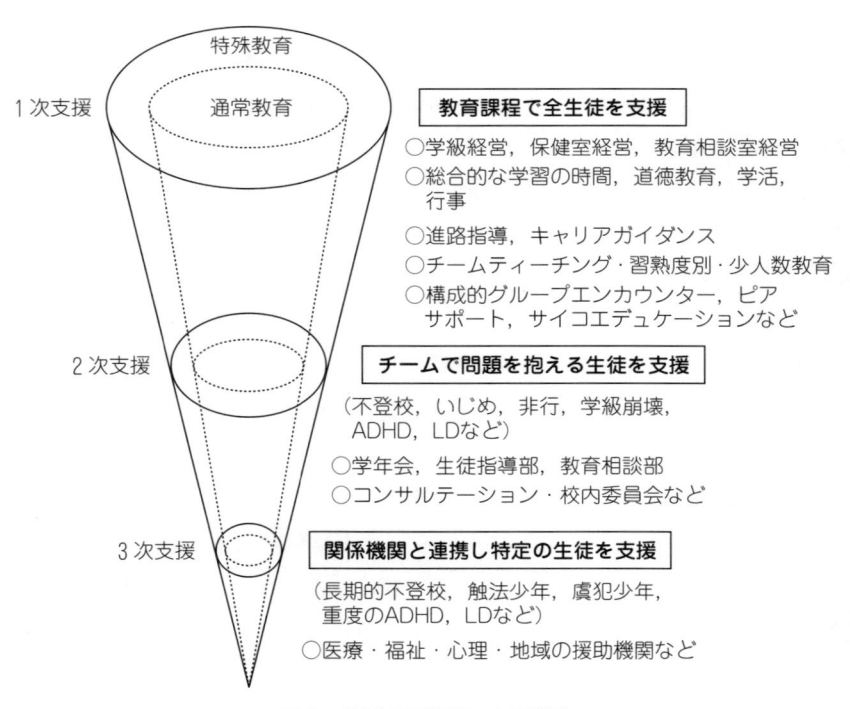

3次支援

関係機関と連携し特定の生徒を支援
（長期的不登校，触法少年，虞犯少年，重度のADHD，LDなど）
○医療・福祉・心理・地域の援助機関など

図3　特別支援教育の支援構造

ここでいう教育課程は，法制化された狭義のものでなく，学校全体の教育活動全体を意味する。

特別支援教育は，通常教育と特殊教育の二重構造を持つ。1次支援は，教育課程で全生徒を支援する。学習支援では，チームティーチング・習熟度別・選択教科の充実等を行う。学級経営や行事では，自己表出場面を設定し，社会的承認欲求を満たす。心理面支援では，構成的グループエンカウンター，サイコエデュケーションを年間カリキュラムとして位置づける。全生徒を支援する教育課程は，不登校，非行，ADHD，LD等の生徒に対しても，直接的支援となる。2次支援は，1次支援では不十分であった生徒に対して，学年会，生徒指導部，特別支援教育の校内委員会等でコンサルテーションを実施し，生徒，担任，保護者に対してチーム支援を行う。3次支援は，2次支援でも対応に困難であった生徒や2次支援をより充実させるために，関連機関を含めて多重システムで支援を行う。

大野（1997）は，相談係の役割として，学校の現状を踏まえ長期的展望に立った，カウンセラーとプロモーター（推進役）を統合する，〈インテグレーター〉の必要性を述べているが，これは特別支援コーディネーターに求められる役割と一致する。個々の教師のゲリラ的な対応ではなく，教育課程で予防的な対応をする転換が必要であると考える。

2．トラブルへの対応：2次支援

A男の小学校6年生の担任は，中学校への引き継ぎで，次のようなことを話していた。クラス替えで「うちの子はどうしていつもA男と同じクラスなんですか」と強い不満を持つ保護者。中学受験が迫り，依然学級が落ち着かない状態であると「入試の責任を取ってください」と詰め寄る保護者もいた，ということであった。この状況はエスカレートし，教員抜きの保護者会が開かれ，不満を直接保護者にぶつけたり，匿名で非難が寄せられたりもした。度重なるトラブルに，母親はA男のことを嘆き，地域から孤立し，追い詰められていたという。中学になっても相変わらずトラブルは続いたが，校内委

員会では保護者支援の対応が取られていた。A男の保護者は，PTAの集まりで，次のようにあいさつをした。「迷惑をかけていることと思います。何かあったら，ご連絡ください」これは大きな意味を持つ一言であった。学級担任は，保護者の頑張りや，学校と連携して取り組んでいる事実を他の保護者たちに伝えた。ケンカのトラブルでは，迷惑を受けた側の保護者と直接会うことで，「問題をうやむやにしてしまう保護者ではない」と思われるようになっていった。その場には，もちろん，学級担任や関係教師も同席した。

3．医療機関との連携：3次支援

教師が保護者にいきなり医療機関を勧めると，保護者は動揺したり，拒否したりする。

それが予想される場合は，医療機関より抵抗感の少ない教育センターを勧める。A男の保護者は，医療機関での診断を希望した。保護者には診断名がわかっても，何も解決しないことを伝えるとともに，診断の長所も説明した。まず，保護者・教師を含め，A男への共通理解が深まること。A男の障害を発達や特性として捉えられること。検査結果から，項目別に個人内の能力が把握され，対応が的確になること。程度によるが，投薬による支援も可能になること。医師の診断結果，ADHDではないことがわかれば，新たな対応策を，家庭・学校で実施できること，などである。医療機関の検査結果から，A男はADHDと判明した。母は，今までの自分の子育てが原因でないことがわかり，涙ぐんでいた。

4．同じ山に登る：教育課程はリソースである

「同じ山に登る」とは，家庭と学校がパートナーシップを持ち，子どもの成長のために共に歩むことである。コンサルテーションは，家庭と学校が「同じ山に登る」循環的プロセスである。教育課程は「同じ山に登る」ための地図である。ここでいう教育課程は，広義であり学校でのあらゆる活動を

意味する。これからは教育課程という広い地図で，特別支援教育を実施する視点が求められると考える。

引用文献

Cooper, J. F. (1995) A Primer of Brief-Psychotherapy. W. W. Norton, New York.（岡本吉生，藤生英行訳 (2001) ブリーフ・セラピーの原則．金剛出版）

後藤守 (2003) 学校臨床心理学研究における研究法の探求――相互作用過程分析法と行動空間分析法の開発を通して．学校臨床心理学研究 2003 年度創刊号，北海道教育大学大学院教育学研究科学校臨床心理学専攻研究紀要．

Hoffman, L. (1985) Beyond power and control : Toward a second-order family therapy. Family Systems Medicine, 3 ; 381-396.

石隈利紀 (1999) 学校心理学．誠信書房．

宮田敬一編 (1998) 学校におけるブリーフセラピー．金剛出版．

森俊夫 (1998) ブリーフセラピーのものの見方・考え方．(宮田敬一編) 学校におけるブリーフセラピー，金剛出版，pp. 27-54.

中野良顕 (2000) スクールカウンセリングスタンダード．図書文化社．

大野精一 (1997) 学校教育相談理論化の試み．ほんの森出版．

岡田加奈子，星杢京子 (2004) LD・ADHD の児童生徒への保健室での対応．(諸富祥彦編) LD・ADHD とその親へのカウンセリング，ぎょうせい．

白木孝二 (1994) BETC・ミルウォーキー・アプローチ．(宮田敬一編) ブリーフセラピー入門，金剛出版，pp. 102-117.

山崎晃資 (2005) なぜいま特別支援教育なのか，軽度発達障害の子どもへの援助の実際．児童心理 6 月号臨時特別号，pp. 2-12.

参考文献

高橋あつ子 (2004) LD・ADHD などの子どもへの場面別サポートガイド――通常の学級の先生のための特別支援教育．ほんの森出版．

第3章
教師へのコンサルテーション

学童保育におけるコンサルテーション

長谷川明弘

I　はじめに

　学童保育所あるいは放課後児童クラブは，放課後児童健全育成事業の一環として平成12年の児童福祉法一部改正により設置され，多くは市町村によって運営されている。設置の趣旨は，保護者が仕事のために昼間家庭にいない間，10歳未満の児童に対して適切な遊びの場および生活の場を与えて，児童の健全な育成を図るものである。運営場所は，児童館に併設されたり小学校の空き教室を利用する形態が多くみられる。

　本報告は，学童保育所を利用する発達障害を持つ児童に関わる指導員へのコンサルテーションを実施したものである。以下の報告では筆者のことを相談員と記載してある。

　本報告におけるコンサルテーションの形式は，①児童に関する情報があらかじめ相談員に学童保育所から書面で伝えられ，②児童が施設利用する時間帯の前に指導員と相談員が打ち合わせをし，現状を確認したり，補足説明を聞き，③児童が学童保育所に到着した後に相談員が児童の様子を観察したり，場合によっては直接関与した上で，④再び相談員と指導員が打ち合わせを行う手続きとなっている。⑤巡回相談後に相談員が報告書を作成し，学童保育所に届けられる。事例提示の構成は，《事前情報》に①と②，《指導員の思い》に指導員が取り上げてほしい事柄，《参与観察》に③，《考察・提案》に，①から③を踏まえて話し合いの中で相談員が考察し，指導員に提案した内容を

それぞれ記載してある。

本報告は，学童保育におけるコンサルテーションにブリーフセラピー・モデルを活用し，本モデルのコンサルテーションへの適用可能性について検討することを目的とする。

Ⅱ　事例提示

1．事例A

タツヤは，相談員が最初に会ったとき小学2年生で通級学級に在籍していた。タツヤは，就学前に高機能自閉症と診断された。小学校入学直後，歩行時に左右のバランスが悪く，スキップやケンケンができなかった。2年生になった現在は，スキップやケンケンもでき，歩く際もバランスが悪いようには見えない。ままごとやお絵かきが好きで，カードゲームやドッチボールなど勝ち負けのある遊びは好まない。勝負に負けると怒って「もうやらない」と拒否してしまう。学童保育所では，宿題を「今日は何時にやるか？」と指導員が毎日尋ねてやらせている。国語は苦手でなかなかやりたがらないが算数は得意で好んでやる。

第1回：X年11月15日

《事前情報》最近のタツヤはお店屋さんごっこ遊びが好きで，いろいろ工夫して金券を作り，レストランや回転寿司屋の店長役をやっている。遊びでは子どもや指導員をお客に見立てて遊んでいるという。一方でドッチボールなどの集団遊びには参加するが，ボールに当たると激しく泣いて集団から外れて，ゲーム参加を止めてしまう。ボードゲームはルールをよく理解して参加しているが，負けると泣いたり怒ったりする。「心がからっぽになっちゃった」と訴える。泣いた場面で「心が落ち着くまで静かにするイスに座っていようね。心が落ち着いたら，お話ししようね」と指導員が働きかける。タツヤは指示された椅子に座ると長く泣かないようになった。

《指導員の思い》タツヤが自分自身で気持ちを立て直せるようにしていきたい。

《参与観察》タツヤをはじめ子どもたちが居室に入ってきたので相談員はあいさつをしようと声をかけながら近づいた。タツヤは，あいさつをする相談員に気づかないような素振りで傍らを通り過ぎ，入室直後にバタンと転んだ。すると「人生最悪の一日が始まった」と大きな声を出して泣き始めた。近くにいた同級生のエミがタツヤをなだめて一緒に遊戯室へ向かった。タツヤは遊戯室でおうちごっこに「参加」した。おうちごっこでは，ほかの子どもからは「タツヤくん」と呼ばれ，「タツヤくん」という役を任されていた。ちなみにそのおうちの主はタツヤとエミになっていた。他の子どもたちは赤ちゃん，子ども，犬の役割をとっていた。しかしタツヤは役割を「演じる」わけでなく，独り遊びを続けていた。タツヤはボールを投げ上げ，落ちてくるボールを拾っては再び放り上げて遊んでいた。そんなタツヤに子どもたちが近づき，「タツヤくん」と名前を呼んだ。タツヤは名前を呼んだ子どもについていき，おうちごっこでの役割を「演じて」いた。タツヤは子どもについていった後，何かおもちゃを渡されてやりとりをした後，ボール遊びを再び続けていた。おうちの時間はタツヤが独自に決めているようであった。他の子どもたちが「何時？」とタツヤに尋ねた。しかし正確な時間は3時頃にもかかわらず，タツヤは部屋にある時計をみてから「今は夕方の4時」と答えた。それに対応して他の子どもたちはその時間帯で行われる役割を演じていた。この場面では，夕飯の準備を始めた。

ボールを投げ上げて遊んでいる中，タツヤは，床に転がっていたスケーターを見つけた。続いてタツヤはスケーターに乗って遊んだ。相談員はタツヤに近づき，何度か名前を呼んだ。タツヤは呼びかけられる声が聞こえていないように振舞い，部屋の中をスケーターに乗って同じ道順をスーッと移動していた。近くで遊んでいた子どもがおうちにぶつかっておうちが壊れた場面があった。その時タツヤは「ああ，駄目，壊れちゃった。駄目」と声を出し，泣き出しそうな表情となった。まわりの子どもが壊れたおうちを「タツヤくんのおうちが壊れそうだぁ，直せー」と修復し，その様子を見てタツヤも表情が和らぎ落ち着いた。

《考察・提案》タツヤが感情を言語化しにくい場面で気持ちに沿うであろう「言葉」を「今は，とても嬉しいね」「楽しそうだね」「驚いたね」「悔しいね」などと指導員が代弁することを提案する。この提案のねらいは，その「言葉」と「感情」が一致する場面をタツヤが繰り返し体験することが，タツヤの言語面，感情面の発達を促すことにつながり，さらに言語の適切な表出が可能となれば社会性や感情のコントロールをも促せることが期待できるからである。この提案の根拠としては発達心理学の知見（平山ら，1994）を総合している。「静かにする椅子」は，このまま続けるように提案した。

第2回：X＋1年9月19日

《事前情報》タツヤは小学3年生になった。学童保育所での集団遊びに入れないでいる。他の子どもと口論の際に「すぐに泣く」と言われて，本当に泣いてしまうことが多い。

《指導員の思い》集団遊びへの参加を促したい。

《参与観察》タツヤが施設に来た際，指導員が相談員を紹介した。あいさつをするとタツヤは目をしっかりとは合わせないものの相談員を意識したようなそぶりをした。

遊戯室では子どもが集団で遊んでいた。タツヤは子どもたちに近寄った後，床に座り何か独り言を話していた。しばらくして立ち上がりゲームボーイをしているサトシの手元をのぞき込んだ。他の子どもから「のぞき見，タツヤ」と言われた。サトシは嫌がるように背を向けてゲームを続けた。タツヤは無言で傍らに立ち，サトシの手元を目で追い続けた。サトシの拒絶する振舞いが続いたためか，タツヤはその場を離れた。おやつの後，タツヤは女の子ばかりの集団遊びに参加していた。一輪車に乗った女の子が逃げるようにタツヤの前を走り回り，その後ろをタツヤが一輪車で追いかけるという遊びをしているようであった。よく観察するとタツヤは近くに来た子どもをしばらく追っては離され，再び近づいてきた別の子どもの後を追いかけているようであった。

《考察・提案》指導員はタツヤが一緒に遊びたいそぶりを見せたとき，「タ

ツヤくんはサトシくんが楽しそうにゲームしているから気になるんだね」「タツヤくんは見ているだけでも楽しいんだね」「仲間に入れてほしいんだよね」と「代弁」することを提案する。この提案のねらいは第1回と同じであるものの追加説明するならば，タツヤと子どもが一緒に遊ぶのを後押しする一言にもなりうると考えられる。また子どもたちから嫌がらせを受けた時にタツヤが受け身に振舞うよりも，悔しさや今の気持ちをタツヤが相手に訴えられるようになる基盤になると考えられる。

　最近指導員が出したアドバイスをタツヤが取り入れていると聞いた。今後も指導員は，タツヤにこのような時にはこうすると良いと具体的に助言し，うまくいったらそのことをほめてほしいと提案した。場面ごとの振舞い方を繰り返して提示すれば，タツヤの社会技能の獲得を促せるであろうと見通しを伝えた。

　第3回：X＋2年6月5日（小学4年生）
　《事前情報》タツヤは「4年生になった」と自覚し，何事にも頑張ろうとしている。当番活動や集団でやる遊びは嫌がる傾向があるものの，促すと何とか参加している。
　《指導員の思い》現在の関わり方でよいのか，他の対応があれば教えてほしい。
　《参与観察》タツヤはお料理タイムでこねたパン生地を床に落とした。指導員が「後で焼くから大丈夫」と話した。タツヤはそれに納得してかんしゃくを起こさなかった。タツヤは「まあいいか」と自分を納得させるように話していた。
　《考察・提案》以前よりも言葉が発達してきたので，感情コントロールができるようになってきたようだ。今の関わり方を続けること。自分で自分を納得できるような働きかけとして「この場合は，まぁ，いいか」を合い言葉にしてしまう。ここで「この場合」とつけたのはそうではない場面もあるからである。
　第4回：X＋2年9月11日

《事前情報》かんしゃくを起こした際に指導員は「気持ちが落ち着いてからお話ししようね」となるべく静かなところで休ませるようにしている。タツヤが「もう大丈夫です」と指導員に伝えた後に解決方法について話すと本人も納得がいき希望も持てるようになった。「4年生だから泣いたら駄目なんだよね」と行動を自ら律しようとする言葉が出てくるという。

《指導員の思い》現在の関わり方でよいのか，他の対応があれば教えてほしい。

《参与観察》児童館で運営することになっている祭りの作業の工作を区切りの良いところまで仕上げてから遊戯室に行った。遊戯室でレゴブロックで遊んでいて隣で遊んでいた子どもと口論になった。タツヤは「アンポンタン，今度やったら許さない」と言った。しばらくして居室に戻り，祭りの作業に再び取り組んだ。帰りの会でタツヤは「今日はレゴが楽しかった」と報告していた。

《考察・提案》タツヤは気持ちを立て直せることが身についてきた。同時にタツヤは自分で気持ちを崩さずにいる耐性がついてきたことがうかがえた。指導員からは，いつ，どこで，誰と，何をして遊んでいたのが楽しかったかをタツヤが日記に記録していると報告を受けた。この行為については他者との活動を自分の活動の一部として取り入れつつある過程にあるのではと見解を伝えた。

2．事例B

小学5年生のトシユキは乳幼児健診をきっかけに自閉症の診断を受けた。幼少時から外部の刺激を遮断して内的世界に閉じこもりがちであったという。話しかけても受け答えが少なく，返事するように何度も求めるとトシユキの緊張が高まる。トシユキは，精神的な緊張が高まると着衣の一部を口に持っていき，目をそらして奇声を上げたり，爪を立てることがある。トシユキには，道ばたや施設の花をむしったり，土をばらまく行為がしばしばあった。その場面で保護者や指導員は「ごめんなさい」と謝ることをトシユキに

求めていた。またトシユキは他者の耳の上部に触れることを好んでいた。そのとき「(耳を) 貸して」と言わせようとしている。すぐに言葉が出る日もあるが，それがどうしてかはわからない。

最近1カ月は表情が明るくなり，簡単なあいさつもスムーズにできるようになってきた。隙があれば指導員の膝の上に乗ってくる。また膝枕をしてもらうことを気に入っている。

第1回：Y年2月5日

《事前情報》体を壁や床にゴシゴシと繰り返しこする「マスターベーション」が増えている。この行為の最中に「屋上に行こう」と指導員が引っ張っていき，一輪車など体を使う遊びをするとこの行為がおさまる。けれどもこの行為が激しい時はどれだけ制止しても止まらない。トシユキは指導員に見つかるとやめさせられるのはわかっているので，図書室や遊戯室といった人目に触れにくいところへ行ってやろうとする。トシユキの気を惹くようなビー玉転がし，粘土工作，ジグソーパズル等の遊びに誘いかけるがなかなか乗ってこないことが多い。以前に母親がマスターベーションのことを話していたことがあった。小学校に入学した頃から自宅でマスターベーションがみられた。母はトシユキのマスターベーションを「ゴシ」と呼んでいる。トシユキも「ゴシ」がマスターベーションを指していることを理解している。トシユキは「ゴシダメ（ゴシ，駄目）」と学習時間の際に記載させる用紙に書いたり，声に出したりしている。ゴシが始まる前に兆候がある。その兆候は体をくねらせるようにしてから姿を隠せる場所へ行くという。

最近好んでいる遊びは，ボール遊びである（詳細は後述）。トシユキは連日飽きずにこの遊びを30分以上続けている。一方でひとりで乗れていた一輪車に乗る場面でつき添っている指導員に体をもたれかけさせようとし，指導員に両手を引っ張ってもらったり，体を支えてもらって乗っている。

《指導員の思い》室内での遊びが拡がらず，どうしてもマスターベーションに固執してしまう。どうやって気をそらせたらよいのか。

《参与観察》図書室でビデオ上映が企画されていた。学童保育所にやって

きたトシユキは指導員に促されて図書室へ向かった。図書室では大勢の子どもたちがビデオ上映がはじまるのを待っていた。トシユキは指導員と部屋の後方でビデオを鑑賞することになった。トシユキは指導員の膝に乗り体を預けていた。いつも遊ぶ他の子どもがトシユキを指でつついてきても気に留めることなくダラーと体を指導員に預けていた。ビデオ鑑賞が終わると，トシユキは階段で他の子どもや指導員と一緒にボール遊びをした。階段上の踊り場にいるトシユキが階段に弾ませるようにボールを投げて階段下の踊り場にいる子どもや指導員がそのボールを拾うという遊びである。子どもや指導員がトシユキへボールを投げ返す時にトシユキは両手をだして受け取る仕草をして構え，トシユキがボールを受け取った後再び階段下の人に向けてボールを投げ落とすことを繰り返している。ある時トシユキが投げたボールを相手が取り損なってボールや相手の姿が見えなくなった。するとトシユキは，その場にしゃがみ込んだ後，床にうつぶせになり，廊下に体をこすりつけた。「ゴシ」が始まったことに気づいた指導員がトシユキの手を取って立たせることで制止させようとした。けれども「ゴシ」が止まらなかった。指導員によれば昨日よりも激しいという。経過を観察していた相談員は参与することにした。相談員はトシユキの足を持って「ゴロゴロ」と声をかけて「ゴシ」をしている場所をずらした。するとトシユキは相談員を驚いたような表情で見てゴシの動きが少し緩やかになった。子どもたちは「また一人体操がはじまった」とトシユキが一人で遊んでいると思っているようであった。子どもたちと指導員はボール投げを再開しようとしたがトシユキが取り組まないので場所を変えて一輪車に乗るよう促した。しかしトシユキは体を指導員に預けようとしてしまい一輪車を漕がなかった。おやつの後は，再びボール遊びをした。後半は「ゴシ」がなかった。

《考察・提案》マスターベーションの制止法については以下の3段階で試みることを提案する。第1段階はマスターベーションをしてはいけないことをトシユキが理解していることを利用し，これまでどおり指導員が目や言葉で「ゴシ」を始めないように制止したり，他の場所から呼び戻す。第2段階

としては体をくねらせたときに言葉以外の方法で制止を試みる。たとえば指導員は自分の体を抱きしめるような姿勢をとって「押しくらまんじゅう」の遊びのようにトシユキのお尻をめがけてぶつかる。この体当たりは言葉による制止が試みられた後の新しいパターンを作ること（Cade & O'Hanlon, 1993 ; O'Hanlon & Beadle, 1994）がねらい。体当たりする姿勢を事細かく決めた理由は，体の接触を最小限度にするためと「押しくらまんじゅう」という新しい遊びに注意をそらせることがねらい。これでも制止できない場合は第3段階に入る。第3段階は，トシユキが廊下や壁に体をこすり始めた場合の対応策となる。これまで指導員はトシユキの手を取って立たせようとして制止を試みてきた。今回はトシユキの足を持ってゴシをしている場所を移動させることを提案する。その際「ゴロゴロ，ゴロゴロ，ここでは駄目」という声をかけてほしい。第2段階と第3段階には，遊びの要素（津川，2003）を取り入れている。

　もう一方で指導員のスキンシップがマスターベーションを誘発していないか振り返ってほしい。トシユキも高学年となり体格も大きくなったので低学年の頃よりもスキンシップを少なめにしてきたと打ち合わせの時に聞いた。けれども観察していた限り他の子どもと比べてスキンシップの頻度や量が多いように見受けられた。今回の提案をきっかけにスキンシップが最小限となっているのか指導員相互に確認しあってほしい。

　第2回：Y年6月5日（小学6年生）
　《事前情報》小学6年生になって体がすっかり大きくなった。「マスターベーション」が続いている。駄目と言われることはわかっているので目を盗んでやろうとする。家庭で母親に対して暴力を振るうことがある。学童保育所でも突然「物を投げる」「殴りつける」などの行動が見られることがある。トシユキも我慢している様子が見られるが，周囲の状況に関係なく何か記憶がよみがえり涙ぐんでいることもある。

　《指導員の思い》マスターベーションへの対応策について考えたい。楽しく安全に過ごせるようトシユキが好きな遊びを増やしてあげたいが，なかな

か長続きしない。

《参与観察》今回，マスターベーションは見られなかった。観察後に聞いた限り，日によって激しいときがあるという。今回もビデオ鑑賞のプログラムがあった。指導員はビデオ鑑賞中にトシユキから離れた位置でトシユキや他の子どもの様子を見ていた。このほかの場面でもスキンシップを最低限にするということが実施されていた。

《考察・提案》指導員は，小学校低学年の頃から可能な限りトシユキの希望にそうように「全面受け入れ」で関わってきた。小学6年生になったトシユキは体格が成長し，一見大人ともいえるであろう。これからは「部分受け入れ」という関わり方を提案する。たとえばトシユキが指導員の耳を触ってくるときに「耳を貸してください」とトシユキが言うように関わってきた。これまでは指導員もそのまま耳を差し出していた。これからは「少しだけね」「ちょっとだけよ」という言葉を添えること。トシユキがやめるよりも早めに「少しだからここまで」と指導員が言って制止させることを提案する。これは新しいパターンを構築することを狙っている（Cade & O'Hanlon, 1993；O'Hanlon & Beadle, 1994）。

上記の提案はマスターベーションの制止にもつながると考えている。これまでは家庭でも学童保育所でもマスターベーションが見られた。これからは決まった場所で決まった時間に行えるよう促していく必要が出てくる。以前の情報ではトシユキが「ゴシ，駄目」と言っている。言葉での指示も通じるようなので「ここでは駄目」「そこでも駄目」「あそこ（家庭の決まった場所・時間）ですること」という言葉掛けを指導員がすることを提案する。あくまで学童保育所では全面的にマスターベーションは禁止という姿勢を貫くこと。

いずれは「いつもの所なら良いよ」と保護者や指導員が声をかけて，トシユキも「いつもの所」と会話がでる形になることを期待している。家庭での具体的な状況だけでなく，自室か風呂場かトイレといった特定の場所と時間なら保護者としてどの程度受け入れられるかといった対応方針について話し

合うことも必要になるであろう。中学以降，トシユキの自立を促すためという視点を保護者と共有することを提案した。

その後の情報

指導員は保護者と連携をとった。年度末の小学校卒業前の時点で学童保育所ではトシユキのマスターベーションの頻度がかなり減少したという。一方，長続きする遊びは種類が増えなかった。

Ⅲ　総合考察

1．コミュニティ心理学とブリーフセラピー

コンサルテーションは，コミュニティ心理学の地域精神衛生活動から始まっており，さまざまな定義がなされてきた（山本, 1986；Duffy & Wong, 1996）。その定義を総括してみると職種の異なった専門家が特定の課題を解決するために話し合い，時間制限の中で対応していく活動ともいえよう。ただし事例報告の中で示されたように，対象者に対して相談員が直接関与する行為は，コンサルテーションの中では例外的であろう。

一方でブリーフセラピーは，ミルトン・エリクソン（Erickson, M.H.）の催眠・心理療法に関する考え方を臨床実践モデルに位置づけながら，多水準システム間の相互作用論に立脚してセラピストとクライエントの協働によって問題解決のための変化をもたらそうとする心理療法の一つと定義される（宮田, 1994, 2004；長谷川ら, 2003）。高須ら（2001）や津川（2003）はコンサルテーションとブリーフセラピーの持っている基本仮説の共通性を指摘している。また長谷川（1998）は，ブリーフセラピー・モデルを適用した事例報告を行っていたが，実質的にはコンサルテーションを行った事例展開を報告している。つまり相談員が対象者の生活場面に出向いていき，医師，看護師や家族との関係調整を行いつつ問題解決に取り組んだ事例を報告しており，相談員と対象者や他の専門家，家族との関係性を考慮に入れた介入をしている。

ところでコンサルテーションを実施する相談員に求められる資質は，参加者間の関係性に対する感受性を持ち，依頼者（本報告の中では指導員）を通じて働きかけられる対象との関係性を考慮に入れた関わり方が具体的に示せることであろう。たとえば，本報告の《考察・提案》の中で，相談員から指導員への提案という表現を意図的に繰り返し用いていた。実際の意味は，提案というよりもむしろ「控えめな指示」であった。事例提示で「提案」という用語を使用したのは，あくまで関与する主体が指導員であり，その役割を尊重するためである。また本事例の《考察・提案》で示されているように，指導員が関与して生じたであろう対象者の変化を相談員が打ち合わせで話題にし，奨励していくことは，指導員にとってエンパワメント（empowerment）となっていると考えられた。このエンパワメントは，ブリーフセラピーのコンテクストで頻繁に用いられている用語であるが，元来はコミュニティ心理学の中の重要な概念である（Duffy & Wong, 1996）。

2．オンゴーイング・アセスメントに基づく介入から個人コンサルテーションへ

ブリーフセラピーは，アセスメント（査定）を軽視しているという誤解を持たれている。ブリーフセラピーは，査定に対して独特な立場をとっている。臨床心理学における事例報告には，一般的に精神医学に基づいた診断を行いやすい情報を盛り込むか，診断名を記載している。診断名を示された場合の長所は，専門家がその障害・疾病の特徴を把握できることである。一方，短所は，診断名というあたかもくさびを打たれたように人が変化をしないものと見なされてしまう危険性がある。本報告において相談員は，診断名というレッテル貼りを避ける一方で，診断名に基づいたおおよその特徴を《事前情報》で踏まえた上で，指導員の思い・願いを抽出して合意を得て，《参与観察》にて面接者と相談者が具体的な行動や関わる人たちの間で問題と捉えられている相互作用を共有することで，その過程を詳細に描きつつどこに変化を期待できるかと探りながら面接を進めていた。この活動をバートリノら

(Bertolino & O'Hanlon, 2002) や宮田 (2004) は，絶えず進行・継続しているアセスメント（オンゴーイング・アセスメント：ongoing assessment）と概念化し，ブリーフセラピーに特徴的な介入として位置づけている。ブリーフセラピーにおいて面接者と相談者の関係性は，変化を起こすための手段にすぎないと考えられ，その関係性を常に念頭に置きながら行うオンゴーイング・アセスメントはその形式がコンサルテーション過程そのものともいえそうである。ウォルターら（Walter & Peller, 2000）は，治療やアセスメントよりも個人コンサルテーション（personal consultation）という用語の使用を推奨している。背景には，新しい言葉・用語を用いることがこれまでクライエントとか専門家と呼ばれていた人の行動に新しい枠組みが作られ，新しい振舞いや関わり方が生じるであろうというポストモダニズムの考えがあろう。本報告もポストモダニズムの影響を大きく受けている。

3．事象を細分化することの意義

ブリーフセラピー・モデルを適用したコンサルテーションは，オンゴーイング・アセスメントに沿って参加者が協働で事象を細分化し，要素を抽出して，対象者も含めた参加者が組み直していく作業とも考えられる。一方でとりわけ青年期までの機能面の発達は，機能が細分化され（平山ら，1994），成長に伴って統合される。この両者の関連は，パラレルな関係もしくはメタファー（隠喩）としても捉えることができる。

事例Aでは，状況における言葉と感情を抽出することにより，事象を細分化することを面接で提案した。訪問面接後に細分化された事象を参加者間で再構成していったものと考えられた。具体的には，状況における言葉と感情のリンキングとマッチングが生じたと考えられた（Cade & O'Hanlon, 1993）。そこからタツヤが「まあいいか」と自分に言い聞かせることで崩れそうになった気分を保つことができたものと考えられた。

事例Bでは，問題のやり方を変える（Cade & O'Hanlon, 1993；O'Hanlon & Beadle, 1994）ことが事例の中で展開された。マスターベーションを「ゴシ」

とラベリングすることが参加者の中で共有されていた。その後，問題とされる行為の過程を細分化することが共有され，続いて提案により新しいパターンが生み出されていき，参加者間で再構成されたものと考えられた。介入として他に有効であったと考えられたのは「駄目」という否定語を使うよりも「ここならいいよ」という許容語を用いること（O'Hanlon & Beadle, 1994）だけでなく，保護者と家庭で特定の時間と場所のみ許可してもらうよう連携をとったり，スキンシップの度合いを指導員が相互に確認するように提案がなされたことである。その結果マスターベーションの頻度や場所が限定されるようになり，今後の成長で社会に適応した生活をとることが期待できるようになったと考えられた。

Ⅳ　おわりに

コンサルテーションにおいては，介入・対応策が参加者間でいったんは共有されるものの最終的には依頼者にその主体が預けられることになる。コンサルテーションによる事例提示は，別の光を当てれば，影の形が変わるように別の側面からの報告が可能となる。本報告では，ブリーフセラピー・モデルのコンサルテーションへの適用可能性を検討するために自閉性障害に対する感情コントロールならびに自慰行為への対応を取り上げた。

引用文献

Bertolino, B. & O'Hanlon W.H. (2002) Collaborative, Competency-based Counseling and Therapy. Allyn & Bacon, Boston, MA.

Cade, B. & O'Hanlon, W.H. (1993) Brief Guide to Brief Therapy. W.W. Norton, New York. (宮田敬一，窪田文子監訳（1998）ブリーフセラピーへの招待. 亀田ブックサービス）

Duffy, K.G. & Wong, F.Y. (1996) Community Psychology. Allyn & Bacon, Boston, MA.（植村勝彦監訳（1999）コミュニティ心理学. ナカニシヤ出版）

長谷川明弘（1998）日常生活における「自然な」心理療法. ブリーフサイコセラピー研究，7；51-74.

長谷川明弘，飯森洋史，江花昭一，宮田敬一（2003）「からだ」と「こころ」を

つなぐ心理療法のかたち．心療内科学会誌，7(1)；33-36.
平山諭，鈴木隆男編著(1994)発達心理学の基礎Ⅰ〜Ⅲ．ミネルヴァ書房．
宮田敬一編(1994)ブリーフセラピー入門．金剛出版．
宮田敬一(2004)ブリーフセラピー／オンゴーイング・アセスメント／未来志向．臨床心理学，4；681-683.
O'Hanlon, B. & Beadle, S. (1994) A Field Guide to Possibility Land : Possibility Therapy Methods. W.W. Norton, New York.（宮田敬一，白井幸子訳（1999）可能性療法――効果的なブリーフセラピーのための51の方法．誠信書房）
高須俊克，宮田敬一(2001)ブリーフセラピー・モデルによる教育コンサルテーション．ブリーフサイコセラピー研究，10；43-49.
津川秀夫(2003)ブリーフセラピー・モデルによる学校コンサルテーション．心理臨床学研究，21；45-55.
Walter. J. L. & Peller, J. P. (2000) Recreating Brief Therapy : Preferences and Possibilities. W.W. Norton, New York.（遠山宜哉，花屋道子，菅原靖子訳（2005）ブリーフセラピーの再創造――願いを語る個人コンサルテーション．金剛出版）
山本和郎(1986)コミュニティ心理学．東京大学出版会．

幼稚園・小学校におけるコンサルテーション

鈴木　義也

I　はじめに

　この章では幼稚園や小学校でのブリーフセラピー・モデルを用いたコンサルテーションについて触れる。まず，反応が如実に現れやすい幼稚園のコンサルテーションをその影響も含めて取り上げ，次に，小学校でのコンサルテーション事例について述べる。

II　幼稚園におけるコンサルテーション

1.「問題」が生まれる状況

　多くの子どもたちにとって幼稚園は規律のある集団に定期的に加わるはじめての体験である。幼稚園の中では服装から行動に至るまで何かしらのルールが与えられ，それを理解し，それと自分の行動を調和させていく。こういった状況の中で，子どもが集団の共通のルールにどのくらい沿っていけるかにはかなり個人差がある。この違いは他の子との比較によっても鮮明になる。それまでは気にしていなかったが，「よその子と比べてみるとうちの子は違う」という印象を親がもつようになることがある。そして，特に浮き彫りにされてくるのが発達にからむさまざまな問題である。

　不適切な行動を繰り返す子どもの親は幼稚園から「今日も○○ちゃんはお友達を噛みました！」などといった良くない報告を受けることが多くなる。友達の親からもわが子の乱暴に対するクレームを聞かされる。周りの親たち

からの評判も「良くない子」になってしまう。そうして，親の中にも「問題のある子だ」という思いがふくらんでくる。それらを気に病んで，「あなたが悪い」と子どもを責めたり，「私の育て方の責任だ」と自分を責めたり，親同士のつき合いから退いたり孤立したりして，気持ちも沈んでいく。あるいは逆に，「そんなことはない」と耳を貸さずに突っぱねたり，「私のせいじゃない」と責任が幼稚園や他の子にあることを主張する場合もある。また，幼稚園も「園のせいではありません」と責任を親につき返すときもある。トランプのババ抜きのように，「問題」のカードが子ども，自分，友達，幼稚園などの間を行き交う。このようにちょっとした行動の違いが関係者の社会の中で「問題」として広がっていくことがある。

2．ブリーフセラピー・モデルが志向する解決への取り組み

集団の中での何らかの逸脱は「問題」の視点から把握され，その「原因」や「責任」の所在を考えることが「問題解決」になるという思考回路が形成されるのは珍しいことではない。しかし，ブリーフセラピー・モデル（特にソリューション・フォーカスト・セラピー（Lipchik, 2002））は，それとは少し違うふうに考える。まず，出来事の「原因」を考えて誰かに対してその「責任」を問うことはない。さらに，「問題」と「解決」をひとくくりにせず，「問題」よりも「解決」に焦点を当てる。そして，「解決」のために「協力」していくイメージを大切にする。「あれができない，これができない」と園児の問題像を描き出すよりも，「それに対してどのような解決があるだろうか」「それが解決したらどのようになっているだろうか」と解決をあれこれ想像する。そうすることで，行き詰まり感ではなく希望の感覚をもてるようになる。これらはブリーフセラピー・モデルの志向する「解決」作り（DeJong & Berg, 1988）の一種である。コンサルタントは「問題」に取り組むのではなく，このような「解決」に取り組むことを心に留めてコンサルテーションに臨む。

3．コンサルタントが幼稚園に赴くということ

それでは，幼稚園の先生方へのコンサルテーションにおいて，ブリーフセラピー・モデルはどのように生かしていけるであろうか。ここではコンサルタントが幼稚園に赴くこと自体が解決への一歩になるという例を紹介する。

ある幼稚園の保護者たちは，同級生のAくんがわが子に繰り返す乱暴に対して園が動いてくれないということに不満を募らせていた。親たちはAくんの行為を通常のトラブルの範疇を超えた状態とみなし，ついに意を決して園に苦情を申し立てた。園はそれに対応して心理職をコンサルタントとして呼んでAくんの園での様子を見学させ，園長や担任も交えて会談し対応を協議した。コンサルタントはそのとき得られた限定的情報から強いていえばADHDの発達障害の可能性があることを園に伝えた。Aくんに手を焼いていた幼稚園側も同様のことを想定していたので今後の対応への弾みがついた。しかも，コンサルタントが来園したことは自然に親たちに知れわたるところとなり，親たちの園への不満は収束していった。

幼稚園は小学校に比べて教職員，園児，保護者の距離が近い。送り迎えでお互いに顔を合わすことも多く，携帯電話の普及もあり，親同士の噂話など情報の伝わり方も速い。この例のように，親たちから幼稚園に要望や苦情が出てくるときは，親集団の不満がかなり煮詰まった状態であることが多い。幼稚園としては第三者の意見を聞くことで，発達障害として対応していくことで腹をくくれたし，そのような対策を講じている姿勢を保護者たちに示すことができた。親たちは幼稚園が自分たちの不満を認め，解決に向けて動いてくれたことがわかっただけで落ちついたわけである。このように，コンサルタントが幼稚園にたった1回見学に訪れるというシングル・コンサルテーションだけでも幼稚園と保護者にとっての膠着した状況を良い方向に展開することになりうるのである。

4．コンサルテーションにおけるアセスメントの有効利用

さて，それでは実際の幼稚園でのコンサルテーションはどうであろうか。

コンサルタントが発達障害の園児に関して避けて通れないのは先生方から求められるアセスメント（心理査定）である。発達障害の有無や程度が不明瞭な児童に関して，第三者である専門家の意見をコンサルティが聞きたいのは至極当然のことである。したがって，コンサルタントはこのニーズは大切にしていくべきであろう。

アセスメントは個人の状態を評価することだが，そこには前述したような何が原因で誰の責任かという論理もからんでくるリスクがある。「問題」となっている園児に「障害」があるというアセスメントがなされると，その問題行動は園児自身や保護者の責任となり，幼稚園の教育の責任ではないというふうな文脈になってくる場合もある。それが他の保護者からのクレームに対する説明材料に使われることもある。

誰が見てもわかるような発達障害の子なら，とうにどこかで明確な診断名をもらっている。あえてアセスメントを求められるのは，典型的なわかりやすいものではなく，診断する人や発達年齢によって診断がまちまちになるようなグレーゾーンのものが多い。そのような事例に対して原因志向・問題志向の「病理モデル」のみでアセスメントするのは固定したレッテルを貼りつけるリスクもある。また，はっきりとした障害があるとされたことを理由に園児が退園を迫られたりすることもあるからである。

ブリーフセラピー・モデルでは，既存の診断名の枠に無理やり押し込めることはしない（Anderson, 2003）。しかし，コンサルタントがアセスメントの弊害を恐れるあまり，お茶を濁した返答をしたのではコンサルテーション関係を損ねることになりかねない。そのため，現時点では何かしらの問題や障害の傾向があると見立てを伝えることもあるが，現在の状態像のみで断定はできないこともしっかり伝えておくべきであろう。たとえ重い障害があったとしても，環境や将来の発達によって変わりうるというさまざまな良い変化の可能性に含みをもたせた希望を育む見解を伝える。そのためには，肯定的側面や小さな変化に着目したコメントを行うことが有益である。

このように，アセスメントは用いられる文脈によって違った響きになる。

「問題志向」なら不安や心配を，「解決志向」なら安心と希望をもたらしやすい。ブリーフセラピー・モデルはアセスメントそのものにはあまり注目しないが，アセスメントも解決につながるならリソースとして効果的に用いることができるだろう。

　このことに関連した例を挙げる。ある幼稚園は年中組のＢ子ちゃんの問題行動は何らかの発達障害によるものだと考えていた。しかし，親はそのことに耳を貸さない雰囲気を醸し出していたので，園はそのことを伝えるのをためらっていた。そこで，幼稚園は心理コンサルタントを招き，そのアセスメントを参考として，お子さんには発達的問題の可能性があるので一緒に何とかしていきましょうと親に伝えた。そして，現状報告だけでなく，対策も含めた建設的意見を親に伝えて協力体制を作っていった。この事例では外部の心理相談室にＢ子ちゃんを紹介することになった。親の方も子どもの行動は個性だと思っていたが，たとえ障害はさほどでなくても個人サポート（カウンセリング）を受けた方がよりよい成長になると考えてカウンセリングを利用した。教育機関と協力していくことがうまくできた体験を持てた親は，Ｂ子ちゃんの小学校入学後も学校とやりとりして通級学級やサポート教員をつけてよりよい環境を整えてもらうことができた。この例では子どものアセスメントは明確な診断名として共有されてはいなかったが，それでも，解決に向けて状況を変化させていくことは可能であった。

　このように，アセスメントも解決志向のコンサルテーションにおいては，アセスメント単体としてよりも，アセスメントが語られる文脈の有益さに注目して用いていくことになる。ブリーフセラピー・モデルのコンサルテーションは，幼稚園の中に問題の文脈ではなく，解決の文脈の流れを作っていくものだからである。

Ⅲ　小学校の先生へのコンサルテーション
――事例を中心に――

1．コンサルテーションの文脈

コンサルタントがブリーフセラピー・モデルを用いて小学校教員にコンサルテーションを行った事例を紹介する。コンサルタントは大学の教員で臨床心理士である。コンサルティは30代の男性の教員である。コンサルタントはコンサルティと数年前から地域の教育関係者の勉強会で面識はあったが，個人的にコンサルテーションに関わるのはこの事例がはじめてである。まとまったコンサルテーションは基本的にこの1回限りで，継続的にコンサルテーションをすることは想定されていなかった。コンサルタントはその教員の勤務する小学校とはまったく関わりがなく，事情も聞いてはいなかった。コンサルテーションの場所は互いの職場の中間地点で，それぞれの仕事が終わってから落ち合うことになった。コンサルテーション関係は，コンサルタントとコンサルティが以前からの知り合いということで，ある程度のラポールができていたといえよう。

　コンサルタントはコンサルティの所属する学校のことをまったく知らないのだが，それでもコンサルテーションは可能であった。わざわざスクール・カウンセラーとして赴任することも，学校に見学に行くこともなくコンサルテーションができるということは利便性が高い。同様に，必ずしも職場で行わなくてもいい（Brown, et al., 2006）というのは一般的なカウンセリングと違って自由度がきわめて高い。

　コンサルテーションを始めるにあたってコンサルタントは，それがブリーフセラピー的なコンサルテーションであることを伝えた。すると，コンサルティは以前にあるカウンセリング講座（コンサルタントとは関係ない）で半日ほどのブリーフセラピーのワークショップに出たことがあり，ブリーフセラピーには関心を持っていたということを語り，コンサルテーションが始まった。

2．コンサルテーション事例の概要

　コンサルテーションの話題となったのは，コンサルティが担任をしている4年生の男子生徒C君である。国語では，本はよく読み，情緒は豊かで共感

性が高く，挙手して意見を発表したりもするが，算数は九九でつまずいていて，二つ以上の計算概念が混ざるとできなくなる。理科や社会は記憶する内容なら半分くらいはできる。授業態度に関しては，忘れ物が一切なく，宿題も内容はできていないが必ず提出してくる。母親は宿題を手伝っていないことが判明している。体力はしっかりしている。

　親は入学前から複数の病院を受診しているが，明確な診断名はついていない。学校も障害のある生徒と認識しているが，特別なプログラムを組むほどではなく，担任の指導で十分であるとして進級してきた。

　将来に関しては，担任としては普通学級だといじめにあうことも危惧されるため，中学では特殊学級を勧めている。母親は今までの学校生活を見てそれに同意しているが，普通学級に未練も感じている。

　大きな事件としては，突然激しい興奮状態になって手がつけられなくなることが昨年2度ほどあった。しばらくして落ち着くと自分で説明できる状態になり，数時間前のことを思い出して動揺していたことがわかった。その日の午前中に上級生集団に自分のぎこちない所作をからかわれたのだが，その後すぐには担任に言わず，午後になってから授業中に突然泣きだしたのである。後で，上級生たちは教員たちからこってりしぼられたので，再びそのようなからかいにはあっていない。

　コンサルティの勤務する小学校は1学年3クラス，クラス替えは3年と5年だが，コンサルティの受け持った学年の担任は産休も含めるとかなり頻繁に担任が交代してきた学年であったとのことである。入学時からの経緯としてその学年は，1，2年次は不安定だったが，3年次の担任同士が常に連携して学年を安定させることができたそうである。

　このように，現在のクラスに至るまでの経緯は学級経営を担う教員にとっては重要な要素である。話題となっている生徒の背景となる「クラスの移り変わり」という大きな文脈の中で担任は教職を行っていることが話を聞いているコンサルタントに伝わってきた。クラスとしての生徒集団はリソースとなる。

今の学級内での対人関係は良好で，C君を排除しないクラスである。たとえば，野球でC君がチームに加わるとお荷物となって試合に負けてしまうことがわかっているのに，チームに快く入れてくれたりする。とはいえ，日常的には同じレベルで遊べないので，休み時間は一人になってうろうろしたり，本を読んでいるとのことである。
　さらに続けて，コンサルティは自らの指導に関する疑問をコンサルタントに尋ねた。特に，指導するときにどこまでC君に言っていいのかが焦点となった。たとえば，決められて与えられた掃除当番はできるが，教室を掃除するようにと全員に指示を出すと，C君は棒立ちになったり，うろうろして仕事には手がつかない。そういうときに，どこまで指示を出したらいいのか，また，どの程度，本人の自主性に任せたらいいのかが迷うところだというのである。
　コンサルタントが「応用作業が苦手なようですね？」と尋ねると，コンサルティは「指示を出せばするが，テープ貼りなどは手先がうまく使えないので，ぐちゃぐちゃに貼ってしまう。結局やり直しすることになるので，かえって頼むことができない」とのことである。コンサルタントは「指示を出せばする」というところをC君の動ける領域として注目した。

3．できたらいいこと，できそうなことを探す

　コンサルタントがコンサルティにどのようなことを目標としているのかを尋ねると，「今は友達にカバーしてもらっているが，中学に入るまでに自立してもらうのが目標。今はクラスのみんなから保護されている状態なので，もう少し自分で責任をとってもらい，もっと仕事を任せるところを増やせたらいい。特殊学級に行けば訓練を迫られるだろうから。今はぬるま湯のように，できないからやらないという感じになっているが，ねばっこくやってもらいたい」と語った。できたらいいこと（目標）の方向性がはっきりしているようである。コンサルタントは自分の理解として「『助けてくれる』『面倒見のいい』友達のいる普通学級の環境にいると，代わりにしてもらったり，

はなから取り組まなくてよかったりして，どうしても課題に取り組む機会が少なくなってしまうという場合もあるのですね」ということをコンサルティに伝えた。

それを受けてコンサルティはさらなる2番目の目標として「この子を育てるために個人に課すところを増やしたい」のだが，「本人がイライラするとパニックになるし，個人的に補習をさせるために居残りさせようとすると早く帰りたがるのでうまくいかない」という現状でのジレンマを述べた。

コンサルティはさらなる問題提示として「年に何回か算数のとき泣くことがある。一人取り残されると感じるためか，焦るのか，こちらはよくわからないが，負担をかけるとだめ」と言うので，コンサルタントが「こちらからの指示が理解できていないかもしれないですね」と言う。コンサルティは「その可能性もあるかもしれないですね」と多少はっとしたようであった。コンサルタントは続けて「『今，言ったことわかる？』などと理解しているかどうか確認してみたり，わからないときは『わからない』と発言して知らせるという手順をあらかじめ教えておいてもいいかもしれませんね」と理解度の確認をすることと，わからないときの表現方法のスキルを教えることを示唆した。

コンサルティから出てきた三つ目の目標についての以下のような会話が交わされた。「たとえば，掃除リーダーとか，掃除が終わったという確認をするなど，何かで中心になってもらいたい。黒板や机の点検をするとか，何か一つは自分の責任で集団内の作業をする。グループでの課題として，グループでの役割などクラスの一役を担ってもらいたい」であった。〈もう少しできそうな感触なんですね〉〈　〉内はコンサルタントの発言）「まわりがやってしまっている」〈特に面倒を見ている子は？〉「いない」〈点検係とかはどうでしょうか。点検表みたいに○×をつけるだけのマニュアルにしておいて，サブリーダーをさせてみるとか……〉「いつも受身なので，能動的なことをさせたい」〈数えること，点検係として，宿題の提出をチェックしたり，備品を揃えたり……〉「個々人に専属職の役割を持っているので，できそう

なのをリストアップしてみます」〈貢献して嬉しく感じて自信を持てたらいいですね〉「話しているうちにいろいろやること見えてきました」ということでコンサルタントも提案しつつ、二人でアイデアを広げていった。

コンサルタントはスケーリング・クエスチョン（de Shazer, 1991）を用いてクラスの一員としての貢献度を尋ねると、コンサルティによるその生徒の点数は「10点中3点」だった。コンサルタントはそれなら4点のときはどうなっているかを尋ねると「役割を果たそうとしている。1個ではなく複数項目を見ている」との答えであった。そこでコンサルタントは〈同時でなく、順番をつけてチェックしてみては？〉と複数項目を処理するという手法を提案する。

さらに、四つ目の目標が出てくる。「日頃してほしいことは、先の生活面、楽器演奏、算数を増やすことです」〈楽器はどれくらいできますか？〉「一部はできる」〈ワンフレーズ・オンリーとか、他にもいるできない人と組にしてあるパートだけするとかもできるかもしれませんね〉

コンサルタントがコンサルティの目標を受けてさらに詳しく〈卒業までにできていたらいいことは何でしょうか？〉と尋ねると、五つ目の目標として「他の人と同じようにクラスで最後までやり遂げる。今は任せられないが、頼めるようになって、C君もそれを受け入れるようになること」を挙げた。さらに、コンサルティからの目標として「体育でのタイム計測」が提示される。コンサルタントは〈いい考えですね。マネージャー係をしてもらうんですね〉と返す。

コンサルティはトライさせてみたい目標を次々と掲げて検討していった。あれこれと目標を吟味することでより具体的で実行可能なコンサルティの感覚にフィットする目標に絞り込まれていった。

コンサルタントはその生徒の未来について目を向けていく質問をした。〈その子の将来の夢は？〉「漫画家になりたいと言って家でストーリーを作っている」〈絵を張り出すとか、原作者になってもらって紙芝居とかにして声は友達にしてもらうとかはどうでしょう……〉「クラスに他にも漫画家にな

りたい子がいるので，その子にもさせないわけにはいかなくなり，その子は絵がプロになれそうなくらいうまいので，見劣りすることになってしまう」。これはしっくりこなかったようである。

　さらに，コンサルタントはC君のリソースとして情感の深さややる気を利用する可能性を探ろうとした。〈情緒，やる気はあるので，高次機能も感じられますね〉「国語で登場人物の気持ちになれる。それもあるかというような深い読み取りができる」〈読解をさせたりするのは？〉「これから物語教材が入ってくるのでやらせてみます」。C君のリソースに焦点化していく方向で話は進んでいった。コンサルテーションでは目のつけどころ（リソース）と具体的目標がはっきりすると一段落である。

4．振り返り

　最後にコンサルテーションの感想をきくと，コンサルティは「点検係を早くさせてみたい。クラスで認められる感覚を持てるようにしたい。学習発表会の役割など，あちこち変えてやってみたい」と述べて，いろいろな可能性の扉が見えてきて開けたくなったようであった。コンサルタントは「小学校は担任がトータルな教育をしているので，多角的に生徒の全体像を捉えられる。生活面も見られるし，そこに担任の意向を反映していけますね」と担任の側のリソースのさらなる活用を促した。

　コンサルテーション全体の振り返りにあたって，コンサルタントは「このコンサルテーションで，しようと考えていた目標はどれくらいできましたか」と結果を尋ねる（Duncan, et al., 2004）と，コンサルティは「見てなかったことが見え，できそうなことがでてきた。チャレンジするプランがもらえた。ぬるま湯のままで卒業させたくない。それまでは漠然としていたのが，登っていく階段が見えてきた」と答えた。

　「このコンサルテーションの手法はどうだったでしょうか」と同じく手法を尋ねる（Duncan, et al., 2004）と，「コンサルタントが提案をして，できそうな気持ちにさせてもらった。まだまだできることがある。漠然とあった

目標へとつながるステップが見えてきた」と語る。こんなことができたらいいという解決のイメージがコンサルティの目に浮かんできたようであった。「持っているものを生かせるクラスになるといいですね」とコンサルタントは感想を述べる。「コンサルタントが生徒に会わなくてもこんなにわかるとは……」とコンサルティが驚くので「ビジョンが見えればそうなります」とコンサルタントは答えた。

　1週間後に勉強会で同席したときに，コンサルティから数分の短いフィードバックを受けた。コンサルティは生徒への質問の仕方を変えたとのことである。「今，先生が言ったこと（指示したこと）わかる？」と聞いたら，否という返事が返ってきて，指示が理解できていなかったことが判明した。席に座って机を叩いているので，「もしかして，やることわからないのかな？」と尋ねるとそうだと答える。算数の宿題はたくさん出すのではなく，1問だけやらせるようにしたら，1問ならわかるようで，担任から〇がもらえるようになった。担任が「やったーって感じだね」と言うと生徒は嬉しそうに「うん」と答えたという。クラス全員が一人ひとり発表するのだが，その生徒には「顔を上に向けてゆっくり」話すように工夫して指導したところ，言葉が聞き取りやすくなって伝わるようになってきたなどの報告をもらった。

　コンサルテーションを受けた感想として，クラスの大勢のうちの一人という感じがその生徒に対してあったのが，そうではなく，そういう個性を持った生徒という「個人」という感じになったことをコンサルティは述べている。「生徒への理解が深まった。途中までこちらでしてから，『次を続けてしてね』と言うと，今まではまったくできなかったのがちゃんとできる。少しサポートするとできるようになった」とのことである。教育に動きが感じられた。

　3カ月後にも，コンサルティから，かんしゃくはあれ以来起きておらず，「イライラした表情を見逃さない」「指示は簡単にする」ことを実行していること，コンサルテーションで提案された掃除点検をコンサルティが作成して実践できたという報告をしていただいた。

　生徒の欠点は目立つのでそこに注目しがちである。ブリーフセラピー・モ

デルは生徒の良い所への注目を促すような介入をすることでコンサルティの焦点がシフトされて認知的変化が起きる。生徒のリソースに焦点が合い，リソースを見つけられるようにコンサルティの見方が変わっていくことがうかがえた。

また，コンサルタントがコンサルティに一方的に助言するという直線的な関係ではなく，両者が協力して円環的に交流することで選択肢を広げていくことができたと考えられる。

5．ブリーフセラピー・モデルのヒント

ブリーフセラピー・モデルは不確かな「根本的問題」の大掛かりな変容を目指すのではなく，すぐできる小さな変化を狙っている。具体的で実現可能なスモール・ステップでゴールを設定するので達成感を得られやすいし，うまくいっていることや例外に注目して良い変化を見ていくので希望が湧いてくる。

問題のある子の存在自体がうっとうしくなると，その子を丸ごと「問題」としてくくってしまいがちである。そうすると，その子の全体を「問題」が覆い尽くして，「例外」や「いいところ」というリソースの部分が覆い隠されてしまう。その子全体を否定しないで，必要なら行動面での部分修正を考える。問題につられて，その子全体に対してノーと言わず，解決に向けた姿勢を取っていく。「言うことを聞かない子」という認識ではなく，「飛び出る活力を持っている子」「彗星のような子（軌道が他の子とは違うだけ）」というようなリソース（長所，力）に焦点をあてたイメージを大切にしていく。

「言うことを聞かない子」に対しては「やめなさい」という制止命令が与えられることが多く，制止か無視かのどちらかになりやすい。ブリーフセラピー・モデルはこちらの定めた目標ができるかできないか，○か×かではなく，実現可能な小さな変化を素早く狙っていく。他の子と同じことができない子の目標は，他の子の半分や4分の1とするくらいがよい。やりやすい目標にすれば，それを達成できて自信もついてくるからである。こちらの目標

を達成させるのではなく，子どもが達成できるような目標，つまり，子どもと合作した目標にしていくのである。

ブリーフセラピー・モデルによるコンサルテーションは，解決への希望をもたらす変化の「さざ波」（Miller & Berg, 1995）の寄せる波打ち際へと，コンサルティとコンサルタントが共に歩いていくことである。

引用文献

Anderson, H. (2003) Post modern social construction therapies. In T.L. Sexton (ed.) Handbook of Family Therapy. Brunner-Routledge, New York.

Brown, D., Pryzwansky, W.B., & Schulte, A.C. (2006) Psychological Consultation and Collaboration. Allyn & Bacon, Boston, MA.

DeJong, P. & Berg, I.K. (1998) Interviewing for Solutions. Brooks/Cole, Pacific Grove, CA.（玉真慎子，住谷裕子監訳（1998）解決のための面接技法．金剛出版）

de Shazer, S. (1991) Putting Difference to Work. W.W. Norton, New York.（小森康永訳（1994）ブリーフ・セラピーを読む．金剛出版）

Duncan, B. L., Miller, S. D., & Sparks, J. A. (2004) The Heroic Client. Jossey-Bass, San Francisco, CA.

Lipchik, E. (2002) Beyond Technique in Solution Focused Therapy. Guilford Press, New York.（金剛出版から訳出予定）

Miller, S.D. & Berg, I.K. (1995) The Miracle Method. W.W. Norton, New York.（白木孝二監訳（2000）ソリューション・フォーカスト・アプローチ．金剛出版，東京）

中学校におけるコンサルテーション
――身体に抱きつく自閉症生徒への対応――

津川　秀夫

I　はじめに

　自閉症（autism）は，対人的相互作用，意思伝達，興味や活動における特異性を特徴とする発達障害であり，DSM-Ⅳ-TR（American Psychiatric Association, 2000）においては，広汎性発達障害（pervasive developmental disorders：PDD）の一つに分類される。自閉症の病因をめぐって，神経伝達物質の代謝障害，遺伝的異常，脳の機能障害などの説が唱えられているが，いまだにその成因も障害部位も明らかになっていない。

　アスペルガー障害や高機能自閉症を従来の自閉症に加えて，自閉症スペクトル（autistic spectrum）として包括的に捉える視点が呈示された（Wing, 1996）。さらには，学習障害（learning disorder：LD）や注意欠陥／多動性障害（attention-deficit/hyperactivity disorder：ADHD）もその連続線上にあるものとして捉えられている（佐々木，2000）。本稿では自閉症の生徒について取り上げるが，近縁の発達障害も含めて連続体として捉えていると理解されたい。

　自閉症の児童生徒に関して，教師へのコンサルテーションを行う場合，私たちは二つの点を踏まえることが求められるだろう。一つは，できるだけ具体的な対応法を検討することであり，もう一つは，児童生徒に直接関わる教師を支えて力づけることである。

　自閉症は，症状の現れ方の特徴からそう呼ばれるのであり，医学的には症

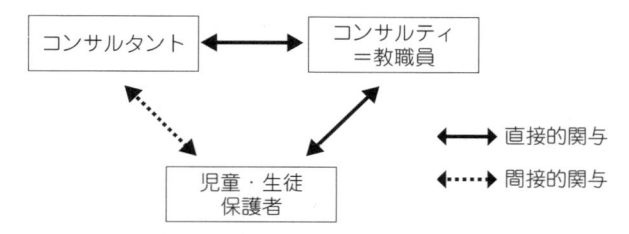

```
コンサルタント ⟷ コンサルティ
              =教職員
      ⇅         ⇅        ⟷  直接的関与
     児童・生徒            ⇠⇢  間接的関与
     保護者
```

図1　学校コンサルテーションにおける相互作用

候群（syndrome）に相当する。換言すれば，自閉症という障害が存在するかしないかその実体がはっきりしていないことになるだろう。したがって，自閉症それ自体に焦点をあてて，指導や援助を考えていくことは得策ではない。

　ブリーフセラピーでは，ウィークランドら（Weakland, et al., 1974）以来，観察可能な行動や相互作用の領域から問題や解決を考えてきた。その視座から自閉症を捉えるならば，児童生徒が自閉症であることが問題なのではないことが見えてくる。

　その生徒が問題視されるのは，奇声をあげたり集団行動がとれなかったりするという特定の行動によるのである。また，教師側からすれば，どんなときでも自閉症の児童生徒に対応できないのではなく，その児童が物事にこだわったりパニックを起こしたりしたとき，対応に困難を覚えるのである。

　教育現場においては，一般化された情報よりも，その時にどのように関わるべきかという具体的な方策が求められている。観察可能な相互作用や行動の次元において現象を捉えるならば，具体的な対応や関わりを考えやすく，現場の期待に応えることが可能になる。

　学校コンサルテーションにおける相互作用は，図1のように図示される（津川，2003）。

　学校においては，コンサルティは教職員であり，コンサルタントはスクールカウンセラー（school counselor：SC）をはじめとする臨床心理学の専門家があたることが多い。コンサルタントは教職員に直接関与し（実線矢印），

児童生徒また保護者には教職員を通して間接的に関わることになる(点線矢印)。

　自閉症の児童生徒をめぐるコンサルテーションの場合,当事者である児童生徒にコンサルタントが直に関わることはない。もちろん,コンサルテーションの前後にコンサルタントがその児童生徒に直接的に関わることもあるだろう。しかし,それさえも児童生徒の学校生活のうち,ごくわずかな時間でしかない。学校現場においては,教師こそが自閉症の児童生徒と生活をともにして汗をかいていることを忘れてはならない。

　したがって,コンサルテーションにおいては,教師を支えることが何よりも重要になる。そして,自閉症の児童生徒に関わる教師が「何とかできそう」という見通しを持てるようにすることがコンサルテーションの目標である。

　本稿では,身体に抱きつく自閉症生徒に関する教師へのコンサルテーションの事例を呈示する。そして,コンサルテーションの方向性や留意点について考察を加える。

Ⅱ　自閉症の生徒への対応

1．事例の概要

相談時期：X年9月

コンサルティ：A先生。公立中学校の教諭。30代前半の女性。対象生徒(Y君)の在籍クラスの隣のクラスの担任であり,担当教科は英語である。Y君のクラスでも英語を教えている。

相談内容：Y君が抱きついたり胸を触ってきたりする。叱ってもいうことをきかせることができない。自分が教師の仕事に向いているか自信を失っている。

対象生徒：Y君。普通学級に在籍する中学1年の男子生徒。身長は150 cmほどで太めの体型である。自閉症と診断され,小学校の頃より専門機関にて訓練を受けている。家族構成は,父親(会社員),母親,本人の3人家族である。

Y君の学力は低く，授業がほとんど理解できていない。しかし，教師がそばについて指示を出すと，漢字を書いたり簡単な計算をしたりすることはできる。授業中は車や地図の絵を描いて静かにしていることが多く，集団行動もとることができる。しかし，時に奇声をあげたり教室を飛び出したりすることもある。

　Y君は1学期の終わりから，異性への関心が高まりだした。気に入った女の子に対して，手のひらにたっぷり出したツバをつけたり，スカートの下にもぐったりすることもある。

　コンサルテーションの構造：コンサルタントは当該中学校のSCである。初回は，相談室において40分ほどのコンサルテーションを行い，それ以降は職員室において不定期に情報交換を行った。

2．コンサルテーションの実際

　「あの……ちょっとお聞きしたいことがありまして」と，職員室にいたSCに対して，A先生が話しかけてくる。A先生とは職員室の座席が近く，SCは以前からよく会話を交わしていた。生徒のいない場所の方がよいということで相談室に移動して話を聞く。

　1学期の終わり頃から，A先生はY君につきまとわれるようになった。2学期に入ってから身体接触の程度が激しくなり，抱きついたり胸を触ってきたりするようになった。A先生が叱ってもY君はいうことをきかない。

　最近では，Y君の声が聞こえただけでA先生は逃げ出したくなり，日曜日の夜には明日は学校だと思うと気が重くなるという。そして，「他の先生がいうことをきかせられるのに，自分だけできないので，教師の仕事に向いているのか何だか自信をなくしてしまって……」と語る（以下＜　＞はSCの言葉）。

　＜これまではいうことをきかせられなくて，先生も自信をなくしていたということですね。ということは，Y君に対して，いうことをきかせられるようにしたい，と言われているように聞こえたのですが，そういう理解でよろ

しいですか〉とSCの理解したところを伝えると，A先生は大きく頷いて同意する。

〈いくつか教えてください。先生がY君に比較的うまく関われているときはどんなときでしょう〉「えーと，ちょっと思いつきませんが……」〈授業中などはいかがですか〉「さすがに授業中に抱きつかれたりすることはありません（笑）。授業中はおとなしく席についています」〈それはいつもと何が違うからでしょう〉「授業中は甘えちゃいけないって思っているのかもしれません。私も大きな声を出しているし……」〈なるほど，Y君は授業時間と休み時間の区別はつけられるのですね。それから，先生が大きな声を出していることも関係ありそうということですね〉「授業中にY君のことで特に困ることはありません」

〈そうすると，休み時間ですね。Y君が先生に抱きつこうとしてやってきたときに，うまく制止できたときもあったと思うのですが……〉「うーん，それはありません」〈そうすると，休み時間になると，いつも先生は抱きつかれている？〉「いえ，そういわれると（笑），いつもではありません。クラスの女の子たちが盾になって守ってくれるので。でも，そういうのに頼っているのは教師として情けないですよね」〈他には，抱きつかれなかったときは？〉「先々週あたりのことですけれど，1日に何度もやってくることがあったのです。私もイライラしてしまって，本当に怒るよ，と言って手をあげて殴るまねをしたのです。そうしたら，近づいてきませんでした」〈殴るまねをすると，近づいてこない〉「そうです。実際に叩いたわけじゃないのに，両手で頭を覆ってしまって。そのおびえ方が普通ではありませんでした」

Y君のそのおびえ方から，これまでいろいろな人に殴られたり叩かれたりして育ってきたのだとA先生は考えたという。そして，少なくとも自分は手をあげないようにしたいという思いを語る。また，Y君は先生方を「怖い先生」と「甘えられる先生」に分けているようであり，A先生を「甘えられる先生」に分類しているようだという。「怖い先生」とされる教師は，声が大きく厳しそうな印象を与える人である。

〈Y君が休み時間に先生のところに近づいてきますよね。ヒューとか声を出して（A先生はビクッと震える）。そういうときに実際はどんなふうに注意しているのか，教えていただきたいのですが〉「ごく普通に注意しているだけですが……」〈ちょっと，Y君がいると思って，言ってみていただけませんか。その辺までY君が近づいてきたとしますよね〉「えーと……来たらダメって言っているでしょ……」

〈だいたいそういう感じですか（A先生頷く）。あのー，いつも笑顔で注意されるのですか〉「あっ，はい。えっ？」A先生は何かに気づいたように，SCの顔を見つめる。

〈ダメって，そんな笑顔で言われてもなぁ。声もやさしいですし……。彼だって男の子ですから……先生，罪なことをしているかも〉とSCはA先生から目をそらして独り言のようにつぶやく。すると，A先生は笑い出し，「もしかして……私ったら，誘ってしまいました？」とこたえる。そして，しばらくその話題で冗談を言い合って盛り上がる。

〈そういえば，手をあげて殴るまねをしたら，Y君が近づいてこなかったことがありましたね。それもどんな感じだったか，教えてほしいのですけれど〉「でも，殴ったり脅したりするのは，彼にはどうかと思うのですが……」〈もちろん，わかっています。叩くようにしてくださいなんて，気の弱い私にはとても言えませんから（笑）。あくまでも参考です。いいですか。はい，Y君が近づいてきました。どうぞ〉「来ちゃダメって，言っているでしょ！先生，本当に怒るよ！」〈ちょっと，そのままストップしていてください。その迫力と表情のまま，その右腕を下げて。そうです。そのままもう一度お願いします。Y君が近づいてきました。どうぞ〉「来ちゃダメって言っているでしょ！」

SCが笑顔で頷きながらA先生の迫力を賞賛する。「こういうことなのですね。何だか『目から鱗』という感じです」とA先生は語る。〈その迫力で言われたら，Y君でも，Y君以外の男性でも近づけないと思いますよ〉「Y君以外にはちょっとは近づいてもらわないと困るのですが（笑）。……迫力

ですね。何だかやれそうな感じがします」

〈これは蛇足なのですが，ちょっと専門家っぽいことを言わせてくださいね〉とSCは話し出す。〈自閉症の人は，相手の表情と言葉が一致していないときに，その人の意図を推測するのが難しいといわれています。笑顔で叱るというのは，先生の配慮なのでしょうが，Y君には伝わりにくかったのでしょう。でも，殴ったり殴るまねをしたりする必要はまったくありません。今していただいたように，叱るときには厳しい表情や態度，褒めるときにはやさしい表情というように，言葉と表情を一致させてくださるようお願いします〉

翌週，A先生からY君にうまく関われたと報告がある。Y君を制止するには，目の力と一定の距離を保つことがポイントだという。

その後もY君をめぐる騒ぎは絶えることがない。A先生からもY君のエピソードについてよく報告を受ける。しかし，それは手に負えないから相談したのではなく，今週起きた変わった出来事の一つとして語られるのである。そして，このコンサルテーションの後，A先生から教師が適職かどうかという件についての相談は受けていない。

Ⅲ 考　察

1．ゴールの設定と例外の取り上げ方

身体接触を頻繁にしてくる自閉症の生徒に関して，A先生は対応に困難を覚えていた。注意してもY君を制止できないことから，「教師の仕事に向いているのか」と自信をなくしていた。

A先生の訴えについて，〈これまでは……自信をなくしていたということですね〉とSCは過去形の文に言い換えて受け，続けて〈ということは，Y君に対して，いうことをきかせられるようにしたい，と言われているように聞こえたのですが〉と返した。これは取り除くべき問題としてよりも，目指すべきゴールとして伝え返したものであり，エスカレーター・ランゲージ（escalator language：O'Hanlon, & Beadle, 1994）と称される。これにより，

コンサルテーションにおいて向かうべき具体的なゴールを設定したのである。

　自閉症の生徒に関するコンサルテーションを行う場合には，本来ならば，発達の程度や学校での適応状態に関して，より詳しく情報を収集すべきであろう。しかし，この生徒に関しては，事前にSCはある程度の情報を得ていた。そのため，教師と生徒との相互作用にすぐに焦点をあてていった。

　例外（exceptions：de Shazer, 1988）について質問していくと，抱きつかれないときは，①女子生徒が盾になって守ってくれたとき，②殴るまねをしたとき，という答えが得られた。しかし，①はコンサルティ自身の行為ではなく，②はY君にとって有益ではないとA先生が意味づけたものである。したがって，これらの例外がそのままの形で役立つ可能性は低いものであった。

　そこで，SCは問題の連鎖に焦点をあて，Y君が抱きつこうとしたときにA先生がどのような対応をしているかについて尋ねていった。すると，「来たらダメ」と言いながらも，表情も口調もおだやかであることが明らかになった。ここから，「やさしく注意→身体接触→やさしく注意→身体接触……」という悪循環が認められたのである。そこで，SCは〈いつも笑顔で注意されるのですか〉とそれまでの関わり方についての疑問を投げかけた。

　ここまでの対話で注目されるのは，やさしくおだやかに対応するとY君は甘えてくるが，授業中に指導力を発揮しているA先生の前ではおとなしいということである。また，殴るまねをするとY君の接近を制止できることからも，大きな声や厳しい表情での指示がY君に入りやすいことが伺える。

　そこで，殴るまねをしたときの表情や迫力を保ったまま，腕だけを下ろすように指示を出した。すなわち，そのままでは使えない例外をA先生の教育観に合うように修正し，問題の起きたときに使用できるようにしたのである。

　ここでは，言葉のやりとりだけの"talk therapy"ではなく，面接場面で問題や例外を実演させている。既存のブリーフセラピーでは，面接室の「外」

において課題を実行させることはあるが，面接室の「中」で特定の行為を実行させることはほとんどない。

しかし，「ブリーフセラピーの祖」ともいえるミルトン・エリクソン (Erickson, M.H.：1901-1980) は，診察室の「外」であっても「中」においても，体験させることを重視していた。エリクソンは「体験は唯一の教師である」と語り (Rossi, 1980)，診察室の「中」において催眠を用いていきいきとした体験を患者に提供した。

津川 (2000) は，遊びを用いて変化や解決を体感させることを試み，面接室という場において体験を提供することの重要性を確認した。そして，このコンサルテーションにおいても，面接場面の「中」で身体の動きを伴う体験を実演させた。この実演は大きな影響を及ぼし，その結果として「やれそうな感じ」をA先生が抱くことになったのである。

2．リソースの喚起

山本 (1986) は，コンサルテーションについて「コンサルティ側に精神衛生や心理学の知識や情報を増加させることに中心が置かれているよりは，コンサルティ側ですでに持っている知識や情報を当面の課題解決のためにいかに有効に活用するかということにコンサルテーションの目的がある」と指摘する。

しかし，筆者が見聞きした範囲では，「コンサルテーション＝情報提供」としていることの多いのが現状である。自閉症の一般的特徴について伝えたり，「心の理論」(Baron-Cohen, et al., 1985) について解説を加えたりすることが，自閉症に関するコンサルテーションと間違われやすい。しかし，それは心理教育ではあっても，コンサルテーションとは言い難い。

発達障害に関する研修会の場において，よく目にする光景を例にあげよう。講師の一連の話が終わった後に，参加した教師からの質問が寄せられる。その質問の多くは，自分のクラスの児童生徒のことであり，具体的な対応の仕方についてアドバイスを求めるものである。どんなにわかりやすい講義や解

図2　outside-in　　　　図3　inside-out

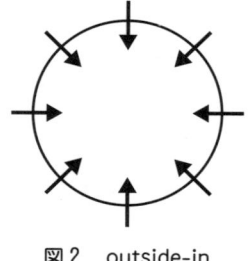

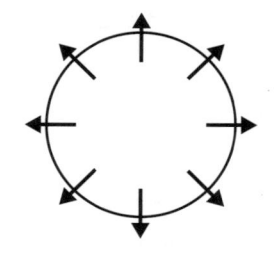

説であっても，それだけでは十分ではない。一般的で抽象化された情報からでは，目の前の児童生徒にこれからどのように関わればよいかという指針は見えにくいのである。

　教師が情報を求めているならば，自閉症に関する情報を提供することもよいだろう。しかし，自閉症の児童生徒は一人ひとりが大きく異なる。ある子どもにとって有益な関わりが，他の子どもにはそうでないことはよくあることである。したがって，コンサルテーションでは，一方的な情報提供を行うのではなく，児童生徒の独自性を踏まえて対応を考えることが求められよう。

　津川（2004）は，図2と図3を対比することによってコンサルテーションの志向性を示した。

　図2の"outside-in"は，外側から知識やスキルを対象者に提供することを指す。教育や指導がこれにあたり，臨床心理学や精神医学の知見を提供することもこの志向性にある。

　一方，図3の"inside-out"は，対象者のリソース（resource）を内側から外へと引き出すことを指す。山本（1986）の指摘に示されているように，コンサルテーションはこの志向性を備えていることが求められる。

　しかし，これはコンサルテーションにおいて情報提供をしてはいけないということではない。本事例においても，SCは自閉症者の意図理解の特徴について情報提供を行っている。しかし，それがコンサルテーションの中心を占めたのではない。言葉と表情を一致させるように指導したのではなく，そ

れができている瞬間をA先生から引き出したのである。

　他者から教えられるのもよいだろうが，自分のしてきたことを支持されたならば，どれだけ勇気づけられることだろう。自らの関わり方が支持され認められたときに，人は自信を持つようになる。学校において，児童生徒にもっとも長く接するのは教師である。教師を支え，教師を勇気づけることこそコンサルタントが心がけるべき点である。

　以上を踏まえると，臨床心理学や精神医学の知見や情報は，コンサルティを支持する目的で使用されるのが望ましいことが理解される。コンサルティの中から適切な関わり方を引き出し，その上で「私たちの領域でも，このようなことがいわれていますから，自信を持ってその関わりを続けてください」と伝えるのがふさわしいだろう。

Ⅳ　おわりに

　従来の心理療法やカウンセリングのモデルのほとんどがコンサルテーションの枠組みに合致しない。しかし，ブリーフセラピーのモデルはコンサルテーションに採用できることが確認されている（津川，2003）。

　自閉症の児童生徒に関するコンサルテーションを進めるとき，自閉症それ自体を対象にするのではなく，観察可能な行動や相互作用の次元から教師の訴えを取り上げることが肝要である。自閉症に関する知識や情報を「与える」のではなく，教師の持つ情報や経験というリソースを「引き出す」ことが教師を支えて勇気づけることになる。そして，教師を支えることが自閉症の児童生徒を支援することにつながるのである。

　　　〔付記〕本稿をまとめるにあたり，吉備国際大学の大野裕史教授よりご助言を賜った。記して謝意を表したい。

引用文献

American Psychiatric Association (2000) Diagnostic and Statistical Manual of Mental Disorders, Forth edition, Text revision. American Psychiatric Association, Washington D.C.（高橋三郎，大野裕，染矢俊幸訳（2002）

DSM-Ⅳ-TR　精神疾患の診断・統計マニュアル．医学書院）

Baron-Cohen, S., Leslie, A. M., & Frith, U. (1985) Does the autistic child have a 'theory of mind'? Cognition, 21 ; 37-46.

de Shazer, S. (1988) Cues : Investigating Solutions in Brief Therapy. W.W. Norton, New York.

O'Hanlon B. & Beadle, S. (1994) A Field Guide to Possibility Land : Possibility Therapy Methods. Possibility Press, Omaha, Nebraska. （宮田敬一，白井幸子訳（1999）可能性療法──効果的なブリーフセラピーのための51の方法．誠信書房）

Rossi, E.L. (ed.) (1980) The Collected Papers of Milton H. Erickson. Vol.I. Irvington, New York.

佐々木正美（2000）気になる連続性の子どもたち── ADHD，LD，自閉症．子育て協会．

津川秀夫（2000）治療メタファーとしての遊び──エリクソン派遊戯療法．ブリーフサイコセラピー研究，9 ; 18-38.

津川秀夫（2003）ブリーフセラピー・モデルによる学校コンサルテーション．心理臨床学研究，12(1) ; 45-55.

津川秀夫（2004）学校コンサルテーションの理論と実際．吉備国際大学臨床心理相談研究所紀要，1 ; 24-32.

Weakland, J., Fisch, R., Watzlawick, P., & Bodin, A. (1974) Brief therapy : Focused problem resolution. Family Process, 13 ; 141-168.

Wing, L. (1996) Autistic Spectrum : A Guide for Parents & Professionals. Constable & Company Limited, London. （久保紘章，佐々木正美，清水康夫訳（1998）自閉症スペクトル．東京書籍）

山本和郎（1986）コミュニティ心理学──地域臨床の理論と実践．東京大学出版会．

第4章
スクールカウンセリングと特別支援教育

教室にいる「気がかりな子」をめぐる相互作用

生田かおる

I 前　提

1．解釈が行動を決定する

　人間は生活場面や事柄の「現実」や「真実」には反応しない。その人なりの翻訳をして出来事を解釈し，説明する。直面する状況が見慣れなかったり，困難だったりする時は，こうした解釈や説明が特に必要になる（Weakland, 1992）。

　授業中立ち歩く生徒に対して，「親のしつけがなっていないからだ」と解釈し，学校の物を壊す生徒に対して，「攻撃的だから」と説明するのはその例であろう。

　養老孟司（2003）は，その著『バカの壁』で以下のエピソードを紹介している。薬学部の学生に出産のビデオを観せ，感想を求めたところ，男子学生は「知っていることばかりでした」と言い，女子は「新しい発見がたくさんありました」と述べたという。出産に対する現実味が感想の違いになった。男子は知識という観点からビデオを評価し，女子はそれを将来経験するものとして観たのである。

　氏は，われわれの行動を $y = ax$ という一次方程式のモデルで説明している。入力情報 x に，脳の中で a という係数をかけて出てきた結果（反応）が y になる。係数 a については，「現実の重み」とでも呼ぼうかと定義している。氏の説明によれば，「現実の重み」が異なる人とは，話が通じにくい。

係数がゼロの時(「現実の重み」がない時)は,どんな情報を流しても出力はない。氏の説明を発展させれば,相手の「現実の重み」に合わせた情報を流せば,行動に影響を与えられることになる。

係数 a を問題行動の解釈としてみよう。

問題行動 x の係数が「親のしつけ」の時,y は親に連絡をとり,「ご家庭でしっかり指導してください」とお願いする反応になるかもしれない。問題行動 x の係数が「攻撃的」の時,y は常時生徒に見張りをつける反応になるかもしれない。係数は,その後の解決行動 y を決定する。

学校現場で,それぞれが問題行動について異なる係数を持っていたらどうなるであろう。

教職員間でその解決行動が受け入れられず,協力して生徒に対応できないことが予測される。お互いの解決行動を批判することもあろう。

2. では,何をするのか?

ブリーフセラピーでは,問題行動を相互作用の産物として捉える。

たとえば,A君が授業中にノートを破った時,ブリーフセラピーでは,以下のことを行う。

- ノートを破る前に,A君と授業担当者,あるいはクラスの人との間にどんなやりとりがあったのかを観察する。
- 言語的,非言語的コミュニケーション両面から観察する。
- 観察し,そこで繰り返されているパターンを発見する。
- さらに,繰り返されているパターンを崩すために,異なる言語的,非言語的コミュニケーションを行うよう指示する。

破れたノートを職員室に持ち帰り,「A君はキレると何をするかわからない」と事実に基づかない解釈をつけ加え,A君にだけその責を求めることはしない。

脳の中枢神経の機能障害と定義されている軽度発達障害を,障害としてではなく,困っていることは何かの視点で扱う。変えるのは,障害をもった生

徒ではなく，困っていることに対する言語的，非言語的相互作用である。

II 事例1
──解決努力（Fisch, et al., 1982）が問題を維持させた事例──

「毎日のように生徒指導しています。何度指導しても同じことを繰り返します。親が教育相談を受けてくれればな～」と，中学校の学級担任からB君の相談を受けたのは，2学期の終わりに近い頃であった。

生徒指導の対象となる問題行動として，授業中立ち上がり，他の生徒の席に行く，歌を歌う，体を動かす，窓から物を投げる，理科の実験器具を壊す，クラスの人との物の貸し借りに関するトラブル等が担任から挙げられた。

担任は，教職経験が長く，生徒指導担当，学年主任等の経験がある。

その頃，B君は物の貸し借りのトラブルが解決できず，学校を休みがちであった。

母親は，スクールカウンセラー（以下SCと略す）の通信を読み，「この人なら大変さをわかってくれる」と来校。通信は，ADHD傾向があるわが子の子育てを綴ったものであった──国谷誠朗は，カウンセラーが顔を赤らめるようなことを話せば，クライエントは本当のことを話しやすくなると，セミナーで話している──。通信は全生徒，保護者へ発行する形をとりながらも，B君の母親への個人的なメッセージであった。この通信を発行後，B君の母親以外からも面接の申し込みがあったことをつけ加えておく。

1．学校システムにおける問題行動に対しての相互作用
1）担任と他の教職員

学校で起きたB君の問題行動はすべて担任に報告される。両者は，報告を受ける人（担任）↔ 報告する人（他の教職員），の関係である。

2）担任と生徒

両者は，指導する人（担任）↔ 指導される人（生徒），の関係である。

3）担任と母親

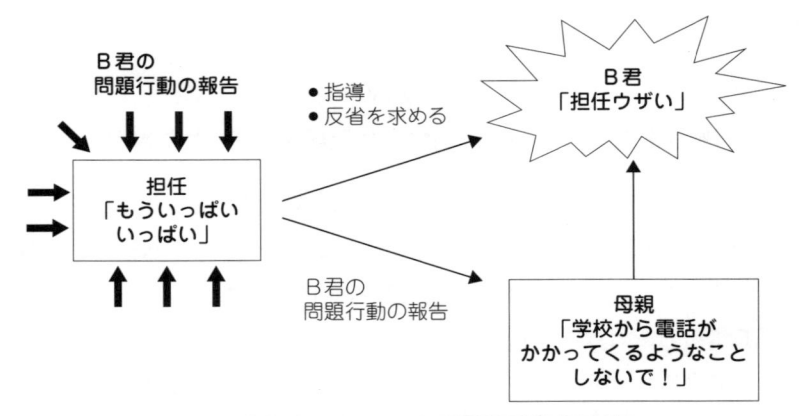

```
        B君の                        B君
      問題行動の報告    ●指導      「担任ウザい」
    ↘ ↓ ↓ ↓     ●反省を求める    ↗
   →┌──────┐         ↗
   →│ 担任   │────↗
     │「もういっぱい│              ↑
     │ いっぱい」│              ┌──────┐
     └──────┘              │ 母親   │
    ↑ ↑ ↑  B君の          │「学校から電話が│
          問題行動の報告      │ かかってくるようなこと│
                              │ しないで！」│
                              └──────┘
```

図1　学校システムにおける問題行動情報伝達図

　両者は，B君の問題行動を，報告する人（担任）↔報告を受ける人（母親），の関係である。母親の仕事中，携帯に問題行動を報告する電話がかかってくる。内容はたとえば「B君が理科の実験器具を壊しました」という事実を伝えるものである。

　4）学校システムで何が起きているか？

　上記の相互作用を図示すると図1のようになる。

　図1から次のことが言える。

①問題行動の報告が担任と母親の次の行動を規定している。

　　　報告 → 担任は生徒を指導し，母親に電話する。

　　　報告 → 母親は子どもを叱る。

②反省を求める担任の指導は生徒の行動を変えていない。

③担任が母親に電話をすると，母親はB君の行動を変えようと叱る。

④B君の問題を解決しようとしている担任，母親，他の教職員の努力がこのパターンを支えている。

> **コミュニケーションに関する基礎知識1**
>
> MRI（Mental Research Institute）のコミュニケーション公理（Watzlawick, et al., 1967）によると，人間のコミュニケーションには，二つの側面がある。一つは，報告的機能であり，もう一つは，命令的機能である。
>
> 帰宅して，「あ〜。のどが渇いた」と言うと，家族が「何飲みたいの？」と反応する。これは，のどが渇いたという報告を，のどが渇いているから，何か用意してほしいという命令として受け取っているからに他ならない。

担任も母親も，問題行動の報告を「B君に対して何かせよ」という命令で受け取っている。

このシステムにおいて，これまでと同じスタイル（言語的，非言語的）の報告が続いている限り，このパターンは繰り返される。

> **コミュニケーションに関する基礎知識2**
>
> ドラマ『白い巨塔』の最終回。
> 主人公・財前の病室を愛人が見舞う。財前は余命3カ月である。
> 　　財前：今日は，本当のことを言おうと思う。（真剣な面持ちで）
> 　　愛人：私のことが好きだってこと？（にこやかに）
> 　　財前：（少し間があり，真剣な面持ちが和らぐ。本当のことは言えなくなる）ああ，そうだ。
> 愛人は，無言で財前の手を握る。お互い見つめ合う。
> 二人は，顔の表情，態度でお互いの気持ちを伝え合うことに成功している。
> メイラビアンの法則（Mehrabian's rule）によると，以下に示すとおり，情報伝達において非言語の占める割合が高い。
> 　●見た目，仕草，表情 ………… 55 %
> 　●声の質，大きさ，テンポ ………… 38 %
> 　●内容 ………………………… 7 %
> 情報伝達の主役は非言語なのである。

担任と母親が問題行動の報告を命令と受け取ったのは，非言語が伝えるメッセージに反応していることが予想される。

2．繰り返されているパターンを崩す

> **繰り返されているパターンを崩すための基礎知識**
>
> 兄と弟がけんかをしている。その時，母親の言語的，非言語的メッセージがどのように兄弟の行動に影響を与えるかを予想してみる。
>
> | 母親の言語的，非言語的メッセージ | 予想できる兄弟の行動 |
> | --- | --- |
> | 「ばかやめなさい」ときつく言う。 → | けんかを続ける。 |
> | 「かばやめなさい」と笑いながら言う。 → | 母親の言葉にはっとして，一瞬けんかをやめる。 |
> | 「私はお兄ちゃんが勝つ方に500円かけるわ」と傍観者のように言う。 → | けんかしていることがばかばかしくなり，けんかをやめる。 |
>
> 私たちの行動は，相手の言語的，非言語的メッセージにより決められていることがわかる。変化を導くためには，異なる言語的，非言語的メッセージを与えればよいのである。どんな言語的，非言語的メッセージを与えるかは，以下を参考に行う。
> - 比較的よい時があれば，それをもっと行う。
> - なければ，何か違ったことを行う。
>
> （ディ・シェイザー（de Shazer, 1985），白木（1994）を参考に構成）

本事例で試みた異なる言語的，非言語的メッセージ，異なる行動は以下のとおりである。

① SC が教室でB君を観察し，うまくできていること，うまくいっている相互作用を管理職，担任，母親に報告する。
② SC が担任と母親をねぎらう。大変さを話せる場の設定。
③ 問題が維持されているシステムに管理職，父親，SC が加わる。
④ 父親がB君に「どうなりたいか？」を尋ねる。B君は困っていることを話す。

上記を図示すると，図2のようになる。

3．導かれた変化

- 学校では，B君のよい時に目が向けられるようになった。

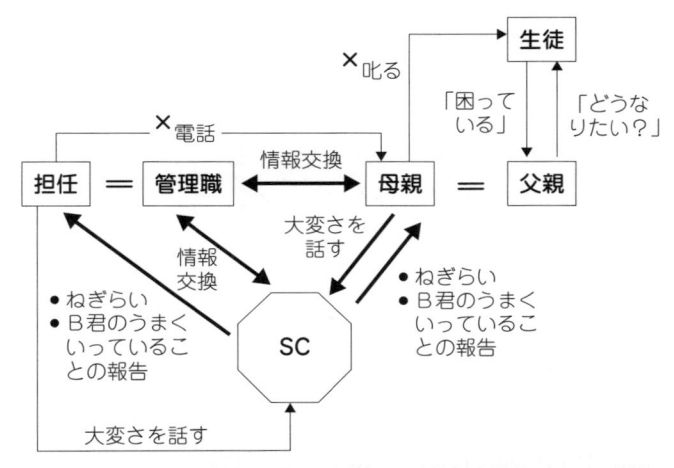

図2 管理職，父親，SC が関わることで異なる情報伝達経路ができた学校システム

- 母親の子どもを叱る回数が減った。
- 父親主導でB君に対応するようになった。クリニックを受診し，その結果，学校外の機関に通うことになった。B君はそこに適応し，進路も決まった。

Ⅲ 事例2
―― リソースを引き出す質問座標軸を用い，
生徒の見方に変化が生まれた事例 ――

　C君は，入学して間もない頃から，学校全体の生徒理解の会で毎回その名前が挙がる生徒であった。
　生徒指導の対象となる行動として，教科書・ノートを持ってこない，筆記用具を持ってこない，授業中，授業に関係のない質問をする，前に出て鉛筆を削る，立ち上がり別の席に行く，貸した教材を壊す，クラスの人を殴る等が挙げられていた。
　C君に対する学校の評価は，「もうやりませんと言いながら，同じことを繰り返す生徒」であった。

担任は，教職経験が長く，生徒指導担当，学年主任等の経験がある。

担任がC君の問題行動を解決するためにしたことは以下のとおりであった。

- 反省文を書かせる，あるいは，反省を求める。
- 保護者に来校を求め，問題行動を報告する。

そうした解決努力が有効でなかったので，担任はSCにC君との面接を依頼した。

1．リソースを引き出す質問座標軸を用いた面接

リソースを引き出す質問座標軸は，左右に問題過去志向－解決未来志向の軸をとり，上下に具体的－抽象的の軸をとる。

これまでC君にしていた質問は，問題過去志向の質問であった（図3参照）。そうした質問は，C君の言い訳を導く。求められたことを答えたにもかかわらず，「C君は言い訳ばかりする」といってまた怒られる。このパターンは問題過去志向の質問がある限り続く。先にも述べたとおり，私たちの行動は相手の言語的，非言語的メッセージにより決められているのである。

SCがした質問は，解決未来志向の質問であった。質問が変われば，答えも変わる。

SC：どうなりたい？

●目標設定

C：悪いことで目立ちたくない。

SC：悪いことって，具体的にはどんなこと？

C：K君を10発くらい殴ったこと。授業中に立ち歩くこと。手を挙げて授業に関係ないことを質問することとか……

SC：授業中，どんなふうだったらいいなって思うの？

●ビデオ再現法……ビデオを観ているように目標場面を説明してもらう。

C：少しノートとるとか，聞いているとか。

SC：どこから始めようか？

教室にいる「気がかりな子」をめぐる相互作用　197

具体的

「なんでノート忘れたの？」
「なんで教科書持ってこなかったの？」
「なんで授業中立ち上がるの？」
「なんでK君のこと殴ったの？」
「なんで提出物を出さないの？」

「ビデオを観るように説明して」
　→●ビデオ再現法
2．「そのためには何を始めたらいい？」
「はじめの一歩は？」→●実行プラン

「〜します」
いつ？

「何からやっていいかわかりません」

〜をしてください

「過去に似たような経験は？」→リソース
「比較的よい時は？」

No

問題過去志向 ←→ **解決未来志向**

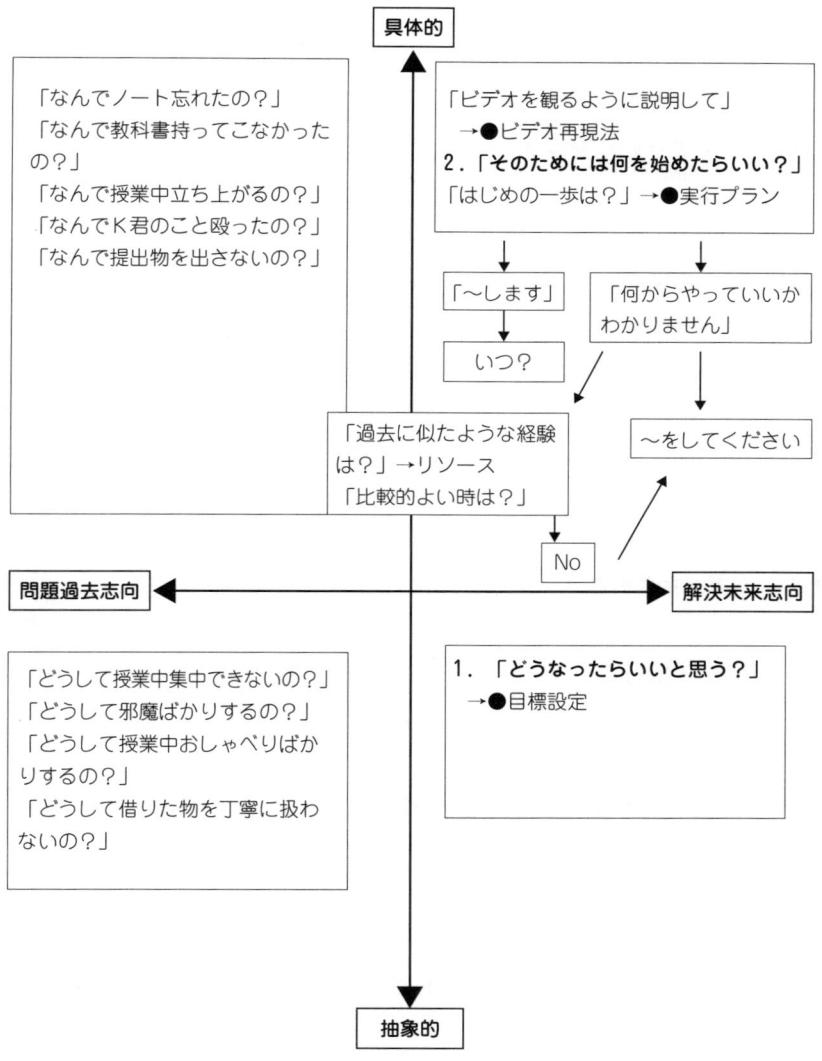

「どうして授業中集中できないの？」
「どうして邪魔ばかりするの？」
「どうして授業中おしゃべりばかりするの？」
「どうして借りた物を丁寧に扱わないの？」

1．「どうなったらいいと思う？」
　→●目標設定

抽象的

図3　リソースを引き出す質問座標軸

●実行プラン……実行プランが思いつかない人には,「比較的よい時は?」の質問をし,過去にリソースを求める。

C：英語の時間にノートとってみる。

SC：何分くらいにする？

C：30分。

SC：そんなに頑張らなくてもいいよ。10分くらいから始めよう。

C：15分にする。

1週間後,約束が守れたとの報告があった。

約束がどのような状況でできたのかをC君に確認した。周りにふざける生徒がいなかった。先生が「よくやっているね」と声をかけてくれた。C君自身「ノートをとるぞ」と自分に言い聞かせていたとの振り返りがあった。同じ状況を設定すれば,C君は同じことができる。こうした振り返りをうまくできるパターンを作り出すコツとして利用する。さらに,そのパターンを生徒理解の会で共有する。

リソースを引き出す質問座標軸を用いた質問は,**目標設定 → 目標場面のビデオ再現 → 実行プラン**という三つの質問で構成されている。過去のリソースを求める以外は,問題過去志向の質問をしない。

2．異なる情報が新たなC君像を創る

「悪いことで目立ちたくない」というC君の言葉は,生徒理解の会で報告された。教職員は,C君に対して異なる見方を持つようになる。

授業観察から得た情報——C君がうまくできている時,うまくできない時のパターン——により,悪いのはC君だけではない,みんなが関係しているという視点を教職員が共有した。

二つの情報により,変えるべきはC君ではなく,C君に対しての相互作用であることが確認された。うまくできているパターンを学校全体で共有し,C君が教室でどこに座るか,周りに誰が座るかなど,C君への働きかけが確認された。確認された配慮の詳細については紙面の都合で省略する。

3．保護者との連携

　保護者は,「家庭教師とはきちんと勉強できるのだから,学校も工夫してほしい」との要求を持ち,変わるべきは学校,との見方をしていた。

　保護者の言葉は,個別対応の有効性を示すものである。そこで,「今日は,教職員がそばで言葉かけをしたところ,課題によく取り組んでいました」という内容の葉書を SC が定期的に家庭に宛てた。学校の工夫と C 君のよいところをアピールするのがねらいである。葉書が食卓で話題になり,C 君がほめられる。翌日も C 君が課題に取り組むという良いパターンができた。

　半年後,毎回,生徒理解の会で C 君の名前を聞くことはなくなった。

＊　　　＊　　　＊

　二つの事例を紹介した。

　変化は,異なる情報を流すこと,その伝達経路を変えること,そして,うまくできている相互作用を設定することでもたらされた。

　ドラマ『女王の教室』の担任は,成績の良い人を優先するクラス運営を行う。そのやり方に不満を持ち何人かの保護者が来校した。ある親の面談は,以下のように始められた。

　「ご結婚されて何年ですか？　大変でしょう」と,ねぎらいの言葉が母親にかけられた。温かい言葉をかけられた母親は,「結婚当初は,主人も優しかったんですけど……」と,心に溜まったことを話し始める。担任は,見事に母親の心をつかんだ。

　訴えに来た母親全員が「いい先生」と,担任を評価した。

　こうして,協調関係ができれば（養老孟司の文脈で表現すれば,相手の「現実の重み」に合わせれば）,発信される情報は価値を持つものになる。関係が成立していないところでの注意,指導は相手に入っていかない。本稿では,関係作りについて触れていない。ブリーフセラピーの書籍をご参照いただければ幸いである。

　　　本稿は,筆者が 1986～88 年にトレーニングを受けたワシントン家族療法研究所でのヘイリー・マダネスの話を,①情報が行動に影響を与える,②行動が情報に影響を与える,

という観点から構成し直したものである。

引用文献

de Shazer, S. (1985) Keys to Solution in Brief Therapy. W.W. Norton, New York. (小野直広訳 (1994) 短期療法：解決の鍵. 誠信書房)

Fisch, R., Weakland, J. H., & Segal, L. (1982) The Tactics of Change: Doing Therapy Briefly. Jossey-Bass, San Francisco. (鈴木浩二・鈴木和子監修 (1986) 変化の技法—— MRI 短期集中療法. 金剛出版)

白木孝二 (1994) BETC・ミルウォーキー・アプローチ. (宮田敬一編) ブリーフセラピー入門, 金剛出版, pp. 102-117.

Watzlawick, P., Beavin, J., & Jackson, D. D. (1967) Pragmatics of Human Communication : A Study of Interactional Patterns, Pathologies and Paradoxes. W.W. Norton, New York. (山本和郎監修 (1998) 人間コミュニケーションの語用論, 二瓶社)

Weakland, J. H. (1992) The Development and Significance of the Double-bind Theory. (佐藤悦子, 長谷川啓三訳, 1993) 二重拘束理論の意義と展開 (講演). 家族心理学研究, 7(1); 1-14.

養老孟司 (2003) バカの壁. 新潮社.

ADHDを疑われる中学生への援助
――本人を抱えられる環境づくりを目指して――

柴 田　　健

I　はじめに

　倉光（2004）は，スクールカウンセリングでは学校を一つの有機体とみなし，内部の力動と外部の力動をともに全体としてとらえる視点，いわば学校全体を一つのクライエントとしてとらえる視点の重要性を指摘している。スクールカウンセラーが関わるケースの多くは，学校や学校を取り巻く地域の中で生じるさまざまな相互作用の中で展開していく。スクールカウンセラーが児童生徒個人の援助を優先させるあまり学校から受け入れられなくなってしまうことや，反対に学校側につき過ぎて生徒や保護者の反感を買ってしまうことは決して少ないことではない。これを避けるために，個人の変化だけでなく周囲との関係を見据え，「コミュニティ全体への雰囲気の変化をもたらす」（Winslade & Monk, 1999）ことを考えていくことが必要となる。
　こうした視点はADHDの児童生徒に対する支援でも同様である。彼らの多くは，「注意集中することが難しい」，「落ち着きがない」，「衝動的である」といった行動特徴を持つ。しかし，本来個人の問題とされるこれらの行動は，全て彼らを取り巻く関係の中で生じていることなのである。スクールカウンセラーはその立場上，こうした関係を見やすく，理解しやすい立場にいる。彼らにとって安心できるような環境づくりを考えていくこと，またそうした活動をすることが「コミュニティ全体への雰囲気の変化」につながっていくものであろう。こうした関わりを，筆者は抱えられる環境づくりと考え実践

している。

　本稿では，ADHDを疑われる中学1年生に対してクラス担任や母親，児童相談所の心理判定員（当時）と連携することにより，抱えられる環境づくりを試みた事例を紹介する。

Ⅱ　事　例

1．学校の特徴とスクールカウンセラーの位置づけ

　筆者が着任したB中学校は，地方都市の農村部にある各学年2クラス，教員数が約20名という比較的小さな中学校である。生徒数が少ないため，教員や事務員のほとんどが学校全体の生徒の顔を覚えている。また，生徒の多くは学区の中にある比較的規模の大きい小学校から入学してくるため入学当初から対人関係が固定されているという特徴がある。

　筆者（以下SC）は，このB中学校で週1回4時間の勤務をしていた。

2．事例の概要

A男（中学1年男子）

主訴：キレやすく，他の生徒に対して乱暴な行動がある。クラスでいじめられている。

家族：父親，母親，A男，弟，祖父，祖母の6人家族。

来談までの経緯：SCが着任して1カ月ほど経ったある日，A男の担任から，小学生の頃から落ち着きがなくて頻繁に友達とトラブルを起こしている生徒がいるという話を聞いた。担任の話によると，とても人懐っこくかわいい生徒なのだが，友達にばかにされてキレてしまうことが多いという。本人のキレる行動が面白いために，かえってからかわれているとのことだった。SCは，本人の了解があれば会って面接をする旨を伝えた。

3．関わりの経過

SCは1年半の間にA男との面接を15回ほど行っている。また，担任や児童相談所等関係者との協議もそのたびに行っている。ただ，SC活動の常として，これらは必ずしも相談室の中で行われたものではない。協議のほとんどは職員室等の雑談の中で行われている。

1）A男との出会い

【#1】2週間ほどして，担任の予約を通してA男が来談した。初対面にもかかわらず，彼には緊張や不安が全くなかった。座ってはいられるのだが落ち着きがなく，パイプ椅子を常に前後左右に揺らしていた。また，「サ行」の発音が上手にできず，興奮すればするほどろれつが回らなくなっていった。

　SCはしばらく学校の中のことを話し，その後来談の理由を尋ねた。彼は，「キレるから行けといわれたのかな」と言った。彼は，自分がキレやすいことや，そのために友達にばかにされることが多いと話した。A男自身落ち着きのないことを感じているし，本人なりにキレないように頑張っているとのことだった。

　SCはA男の行動を評価しながら，「これまでどうやって頑張ってきたの？」と尋ねてみた。彼は，「児童相談所にカウンセリングに行っているから」と話してくれた。児童相談所に母親と一緒に定期的に通所し，心理判定員（当時）のD先生からカウンセリングを受けているとのことだった。彼によれば，その場では言えないことがあるからこちらでも話を聴いてもらえればよいとのこと。そのことを詳しく尋ねると，「お母さんが勉強のことで怒りすぎるから」と話した。「お母さんが怒るといやな気分になる。自分でも悪いと思っている。（中略）でもお母さんは怒りすぎるんだ」，と彼は興奮しながら話した。それと同時にろれつが回らなくなり，言い間違いが多くなってきた。SCは彼と母親との関係について，その場でうまく理解することはできなかったが，母親の下で家庭学習を1日6時間やり，週に1回は塾に通っていることはわかった。

　児童相談所のD先生との関わりを尋ねると，彼は友達作りの方法や落ち着ける方法などについて一緒に考えていると話した。さらに彼は，「お小遣い

をやっている」と言った。食器を洗ったり，きれいな字を書くことができたらポイントをもらうことができ，よくない行動をしたときにはポイントを引かれていた。そして，そのポイントが彼のもらう小遣いに反映されていた。

キレることについて尋ねると，「時々いらいらしてキレるんだ」とのこと。そんなときは，「顔を洗ったりして目を覚ますようにする」という。「目を覚ます」という言葉から，A男自身がどうしようもできないコントロールの悪さを感じているのがうかがわれた。

面接の終わりに，筆者は担任のC先生と児童相談所のD先生に連絡を取る了解をもらった。

(1) 担任との連携

面接終了後，担任のC先生との話し合いの時間を持った。C先生は若い女性の先生である。彼女は，突発的に粗暴な行動が起きるために対応に苦慮することがときどきあると話した。ただ，問題行動自体はクラスの統制を崩すほどではなく，むしろ本人が排斥されていることが気になるという。「困った子」というのが彼女のA男に対する思いだった。担任は入学後母親に何度か連絡を取っているのだが，母親自身がA男の問題に対して熱心でないという印象を持っており，いら立ちを感じていることもわかった。SCは今後も必要に応じてA男と面接をすることについて話すと，担任は了解してくれた。

(2) 心理判定員との連携

心理判定員のD先生は若い男性の先生である。彼によると，A男は小学6年のときに母親からの電話相談をきっかけに来所しているとのことだった。そのときの相談内容は，「キレやすく，学校の喧嘩で鉄の棒を手にした。いじめられている」という内容だった。母親の話によれば，小学生の頃から落ち着きがなく，体をよく動かしていたとのこと。また，A男には丁寧に説明してもなかなか理解してもらえないため，家の中でも叱ることが多くなっているらしい。

D先生はA男のことを「ADHD疑い」と心理診断していた。所見による

と，WISC-Ⅲの結果は正常知能の範囲内だが，全体のプロフィールから見ると「処理速度」の群指数だけが極端に劣っていて，情報を一つずつ系列的に順序だてて処理する力や結果を予測する力の弱さがあり，そのために対人関係の処理が苦手になっているのではないかとのことだった。児童相談所では，こうしたＡ男の特徴から，本人の話したことをもとにして話の筋道を作る練習や，友達に対する自己主張の練習等のソーシャルスキルズ・トレーニングを行っていた。Ｄ先生は，彼にとってはお兄さんのような存在で関わっていて，彼も慕っていた。母親に対してはペアレント・トレーニングを行っており，その一環としてトークン・エコノミーが家庭の中に導入されていた。

　Ｄ先生との打ち合わせの中では，児童相談所が本人のソーシャルスキルズ・トレーニングを中心に指導し，筆者は学校の中で生じた出来事に関して話を聴くという役割分担をしていくこととなった。

２）相談室に遊びに来るようになる

【＃２〜10】その後Ａ男はＳＣの勤務日にときどき遊びに来てくれるようになった。相談室が非行傾向の生徒のたまり場になっていたため，Ａ男が怖がってしまいなかなか相談室に近づけないということがあり，ＳＣが呼び出されて廊下の片隅で話をしたりすることもあった。構造は明確ではなかったが，１カ月に１〜２回程度彼との話が続けられた。

　話題の中心は，生活の中でゆっくりする時間がないことやクラスの友達のことといった彼の抱えている不満だった。彼のスケジュールは塾と家庭学習で夜遅くまで埋まっており，その忙しさはこの地域の中学生としては特別と思われた。彼には勉強で負けたくないという気持ちがあったが，いくら努力しても他の子どもにばかにされるため，よく「自分はできないんだ」と話していた。

　本人が友達とトラブルを起こしたときは，キレることがよく話題になった。彼は，「キレるのではなく，本当はたまっていたものが爆発するんだ」と説明した。「爆発する」きっかけとなるものは，学校での友達によるいじめやからかいだった。クラスの友達の名前を挙げて，「俺のことを変なふうにい

う」と話したりした。小学校の頃からずっとばかにされ続けてきたらしく，そのとき彼は興奮して，ろれつが回らなくなっていった（＃3，＃4）。

　児童相談所に通所することは，彼にとって大事な意味があった。彼によると，「嫌だ」のような自分の気持ちをしっかり言うことを練習しているとのことだった。彼は，「（児童相談所の中で）どうやったら好かれるのか，認めてもらえるのかを発見していきたい」と話した（＃6）。

　児童相談所に通所するようになってからの変化を尋ねると，「少しずつ友達が増えてきた」とのこと。今後の希望として「そういう友達に認めてもらいたい」と彼は話した。「認められるようになったときどうなっている？」と尋ねると，クラスの中で，自分の言葉が優しくなっていたり，クラス委員の立候補に，A男だったらいいじゃないかと選ばれたりするのではないかと話した。「そのとき家ではどうなっているだろう？」と尋ねたところ，家の生意気な弟が喧嘩しなくなっていて，一緒にゲームとかで遊んでいると答える。それと同時にお父さんやお母さんが優しくなっているということが語られた。

　スケーリング・クエスチョンをすると，「半分はいっていない」と言う。でも，お母さんに話を聴いてもらったりして心が落ち着き，やさしくなることができていて，我慢しなくても（悪口を）言われた友達に悪口を言わなくなったと話した。SCは，A男がとても頑張っていることを評価し，これからも頑張ってほしいとお願いした（＃8）。

　その後の面接では彼は年上の彼女ができたことを嬉しそうに話してくれたりした（＃10）。

（1）担任との連携

　この間，SCはA男との面接の内容を可能な限りC先生に伝えた。A男も担任に面接の内容を伝えることを了解してくれていた。職員室での担任とSCの席は互いに背中合わせの隣同士で，改まった話の場を作らなくても雑談の中でA男の話をしていくことができた。担任はA男が児童相談所に行っていることを知らなかったため，A男や母親の努力に驚いた様子だった。そ

れに伴い，C先生のA男に対する印象も徐々に変化していくのをSCは感じた。その後，C先生によってA男をクラスの中で引き立てようとする働きかけが始まった。クラス内の係活動をしてもらったりすることが増えていった。

（2）心理判定員D先生との連携

D先生とは本人の述べる家庭の不満や，対人関係のトラブルに関して本人が抱えている外傷的なことについて連絡をとることが多かった。それに伴って，児童相談所が心理教育的働きかけを行い，SCがこれまでの生活の中で2次的に生じていると考えられる「自分はできない」という気持ちや無力感に対応していくこととなった。

3）キレる

【#11】中1の終わりごろ，クラスではA男に対するいじめやからかいがひどくなっていた。A男は，「俺は何も悪いことをしていない。でも，みんなに嫌われているんだったらいない方がいい」と言うなど，深く傷ついている様子だった。「この状態を何とかするためにどんなことが役に立ちそうだろう？」とSCが尋ねると，「こうすれば気持ちが楽になるというのがほしい」と彼は話した。はじめ友達に対する怒りについて話していると，その話はやがて家族，特に勉強を強要する母親との関係に変わっていった。「俺だけが我慢している。我慢するように頑張っているんだけど，我慢できないときもある。リフレッシュできる方法がほしい」「これまではどうやって我慢してきた？」「デュエルカードを見たり，ビー玉の遊び，何か忘れて熱中する。それでもキレるときあるから，家でも何でもリラックスできることを覚えたい。何かを使って落ち着くというものがあれば知りたい」と彼は述べた。SCはEMDR（眼球運動脱感作と再処理：Shapiro, 2001）[注1]の技法の一つである「リソースの開発と植えつけ」が効果的かもしれないと考え，

注1）EMDRは極めて強力な方法であり，使用に当たっては本人の同意のみならず親の保護協力の手続きをとる必要があり，本事例でもそうした手続きを行っている。また，使用に当たっては所定のトレーニングを受けることが求められている。

EMDRの基本的事項について説明し，次回の実施を約束した。

【#12】数日後，彼が友達とのやりとりの中でキレてしまい，給食のパック牛乳を相手に投げつけるという事件が起きた。幸い相手には当たらなかったが，教室の壁を汚してしまった。その連絡を受けてSCは急遽A男と面接をすることになった。彼は興奮気味で，しかも落ち込んでいる様子で非常に混乱していた。

「どうしたの？」「友達の中でいろいろなことがあった。俺は小さい頃からだんじゃぐ（意味もなく暴れること）を起こしてしまう。自分でしてしまっているから複雑だ」「どんなふうに複雑だ？」「いろんなこころのもやもやが出てくる」「どんなもやもやが出てくる？」

彼は，前の晩に一生懸命やったドリルを母親に見せたところ，字が汚いことを理由に全部消されてとてもむしゃくしゃして暴れたことと，さらに給食の時間にクラスメートからからかわれたことがきっかけとなったと話した。このイメージをターゲットにして，EMDRをA男に試みた。一人でベッドに横になっているときを「安全な場所（Safe Place）」として植えつけた後，彼に左右それぞれの手のひらにタッピングを行い，途中でイメージの変化を尋ねるという作業を繰り返した。

はじめ彼は「頭の不快感」や「目に何かある感じがする」という身体感覚を訴え，その後「（ドリルに書いた字を消す）理由を聞けばいい。そうすれば納得するかもしれない」と母親に対する心情について話した。その後，本人の好きな「デュエルカードで遊んでいる」ことが想起され，それと同時に「かなり楽になった」という話が出た。

その後，ウルフルズの『ええねん』という曲を思い出した。テストが終わったときにラジオを聞いていて流れてきた曲だという。その後の彼の語るイメージは，『ええねん』をBGMとする中で変化していった。彼は「何が悪いのか知る努力をしなければ」と話し，「（お母さんに）あやまろうか」「ま，いっか」とその考えを変化させていった。さらに，「K先生（児童相談所の心理判定員）はいろいろなことを教えてくれた」という児童相談所での出来

事を思い出し,「何か悪いことがなくなっている。気持ちいい感じ, 空っぽに近いほど。ゆっくりできる感じ」と話した。その後彼は,「嫌なことなくなった。お腹すいた」と空腹感を訴えた。最後には「はあそうなんだ。うん, いい感じ」と感想を述べ, EMDR のセッションは終了した。

彼は落ち着いた状態で教室に戻った。

(1) 担任との連携

面接終了後C先生と連絡をとった。担任はA男の暴れ方がこれまでとは違い激しいものだったために動揺していたが, このセッションのことを説明すると少し安心していたようだった。C先生は, A男の乱暴な行動に変化が見られないと感じていた。そこでSCは, A男が本来であれば暴れるような場面でどれくらいの確率で暴れないですんでいるのかを調べてもらうようにC先生にお願いした。

(2) 心理判定員D先生との連携

このセッションのことは児童相談所の心理判定員に伝えられた。今後も本人の外傷体験に関して必要なことがあればSCが行い, 児童相談所では引き続き本人へのソーシャルスキルズ・トレーニングと母親に対するペアレント・トレーニングが行われることになった。実施している内容については, こちらから担任にさりげなく連絡し, 学校の中での変化も時々伝えることとした。

4) 母子合同面接の試み

その後A男はクラスの中で暴れることは少なくなった。しかし, SCはこの一件で本人に対する母親の影響の大きさを改めて強く感じるようになっていた。A男が2年の初夏, 児童相談所から母親が非常に不安定になっていて心療内科を受診したという情報が入った。そこで心理判定員と協議を行い, A男と母親の合同面接を試みていくことにした。面接は児童相談所で行われることになった。なお, 人事異動に伴い, 児童相談所でのA男の担当者はD先生からE先生に代わっていた。

【# 13】母親は非常にやつれており, 身なりに構っていられないような状

況だった。

　Ａ男は，字が汚いとドリルを全部消してしまうことや，自分のペースで勉強できないことなどこれまでの母親の不満をぶちまけた。その一方で，「これからどうすればよいのだろうか」と尋ねると，「本当はもう少しお母さんと仲良くなりたい」と彼は言い，決して母親を嫌ってばかりいるわけではなさそうだった。

　母親は，最近あったテストについて話し，眠い時間には目が覚めるようにお菓子を用意したり背中をマッサージしてあげたりしたと言った。そのおかげでＡ男はよい点数を取れたとのことだった。また，Ａ男がこれまでの友達と同じ高校に行かないように勉強をさせているのだということを話した。「自分にとってＡ男が一番で，今までにできる限りのことをしてきました。もともと落ち着きもないし不器用な子なので……。仕事も塾がある日はシフトをずらしてもらってつき添えるようにしているので，残業もできません。塾の日は，送り迎えや食事の準備のために母親が夕食をとるのが深夜になります」と訴えた。その一方で，「私は手をかけすぎたのかもしれません」とも言った。「今はどうしたらよいのかわからない状態です。どうすればよいんでしょう」，母親は非常に混乱した様子で言った。Ａ男に一生懸命になっているのに，Ａ男はそれをうんざりと思っていることもあり，そのことがとても辛いのだと涙ぐんだりした。Ａ男はそうした母親の言葉を落ち着きなく，時々母親をにらんだりしながら聞いていた。

　母親がＡ男の行動に心配するあまり，Ａ男に過干渉になっていることは明らかだった。その一方で，Ａ男は必ずしも過干渉な母親を嫌がっていないことも考えられた。ＳＣとＥ先生は，「お互いを思いやっている様子がうかがえました」と面接の感想を話した。そして，母親の方を向いて「お母さんがＡ男君を叱るのも，Ａ男君のことを考えてのことなんですよね。それに，この前の話を聞いてお母さんがどれくらいＡ男君のことを考えているのかもわかりました」と話した。次にＡ男の方を向いて「Ａ男君もお母さんのことをとても考えていますよね。お母さんに対して感謝の言葉を言うことはなかな

かできないものです」と言った。A男は照れくさそうにしてうなずいていた。さらに、「お願いなのですが、今のまま何も変えないでほしいのですが、よろしいでしょうか」と今の状態を変えないことを依頼した。それと同時に、母親の表情が明るくなった。

【#14】約3週間後、二人は再び来談した。塾の先生から字がうまくなったとほめられたことや、文化祭の劇で役をもらいその演じ方をほめられたことなどが二人の間での話題として出た。しかし、その後母親から「何も変えないことがとても難しいのですが……」という話が出された。

最近のA男は話をするたびにキレて、戸を乱暴に閉めて部屋を出て行ってしまうという。母親はそれを大きな問題ととらえていた。その状況を詳しく聞くと、A男自身の行動に変化が微妙な変化が見られていた。彼はこれまでは祖父母の部屋に逃げ込んでいたらしいが、最近は洗面所に行って自分で落ち着いてから出てくるようになったということだった。

母親は、「本当はこの子が成長できるように少しずつ手放していかないと、と思っているんです」とも話したが、その話を聞いたとたんに本児のほうが不安な表情を見せ始めた。そこでSCは「面接中の本人の様子を見ていると、ぶつかりながらもお互いを思いやっている様子がうかがえますね。お母さんがA男君を怒るのもA男君のことを一番に考えて、気にしているからですよね」と話した。そのとたんに、母親の表情は明るくなり、こちらの話を熱心に聞くようになった。すると、A男が「でもかまいすぎるとうざい」と言った。「A男君は成長してきているので、『うざい』と思ってぶつかることも出てくると思うけど、そうして離れることも必要なことかな。もしも、お母さんが手を離しちゃうと……」とA男を見て話すと、彼は「放されたくない一心です」と、必死な形相で言った。さらに「かまってほしいって言うと、みんなに呆れられそうだから」と言う。そこで、母親に対してはこれまでどおり必要なときには叱りながらも、手を離さないようにと依頼した。また、A男に対しては、キレそうになったときには洗面所に行き、冷却することを依頼した。

母親は，「これまで叱ってはいけないと思ってやってきたから。でも，このままでいいんですね」と涙ぐみながら話した。

【#15】約3週間後の面接の中では，母親は髪や服装をきれいに整えていた。

話は，A男の方が中心に行い，母親はA男の話を修正するという役割をしていた。その中では，A男が一人で宿題をし，母親は先に寝ていることや，文化祭を成功させるために随分頑張ったことなどが話された。その後SCとE先生は，二人の関係が随分変わり，適度な距離を取れるようになったことを，「水のない川（岡田，1999）」の例え話を用いながら説明した。そして，これまでどおりの生活をしてほしいことを二人に伝えた。

（1）担任との連携

こうした母子面接の経過は，SCから可能な限りC先生に伝えられた。C先生は，以前お願いしたことについて，A男が自分の予想よりもキレることをコントロールすることができていることに驚いていた。家庭の中でこれほど大きな変化をしているのだから，学校の中でも相当の変化があるはずであると，半ば期待を押し売りするような形で毎回の面接が伝えられた。その後，担任からは「そういえば母親があまりA男のことを心配しなくなった」とか，「文化祭の中で本人がとても頑張っていた」ことや，「最近成績が伸びてきた」ことなどが話されるようになった。担任にはこうした話を，教員間，特に同じ学年の先生や管理職や養護教諭の間にさりげなく噂話として流すようにお願いした。

（2）心理判定員との連携

その後の面接の中で，SCは徐々に面接の場面からフェードアウトしていき，E先生がA男と母親の面接を引き受けるようになった。SCはE先生から入る面接の話を担任に伝える役割をするようになった。本人がSCのもとを訪れることはほとんどなくなっていった。

5）その後

A男はその後も児童相談所への通所を続けた。その間に，SCはB中学担

当を離れた。彼はその後も,「女の子と無理やり話をしようとして」問題になったり,学校の中で喧嘩をしたりするトラブルを起こすことがあった。また,頑張りすぎて生徒会の委員に立候補して落選したりすることもあったらしい。しかし,A男本人からのいじめられるという訴えは少なくなり,牛乳パックを投げつけたときのような大きなトラブルも少なくなっていった。文化祭の演劇では準主役の座を射止め,それを見事にこなした。この時期には多くの教職員が彼に声をかけてくれていた。そして,A男は自分の希望した高校を受験し卒業していった。

Ⅲ 考　察

1．A男について

　吉川（1999）は集団の中で生じる問題について,「ラベリング効果」から説明を試みている。それによると,クラスなどの任意の集団には時間的な拘束力があるため集団で記述された特徴がクラスという集団内で普遍的な事実として理解される傾向があり,ラベリングされた側にとっても明確な自己意識がないために,ラベリングされた特徴を自己の特徴として意識（内在化）してしまいやすくなるという。

　まさに,「この人はこういう人だと信じてしまうことが,それに沿った行動と現実を創り上げていくプロセス」,アンダーソン（Anderson, 1997）のいう「行動の確定（behavioral confirmation）」に,集団は導かれていくことになる。こうした状況の中で形成された問題解決のためのシステムは,問題があるとされた個人に内在した問題の解決を図ろうとする動きをみせることになるだろう。さらに,その中では解決も問題の表裏としてとらえられることになるため,結局は問題そのものから逃れられないというジレンマが生じることになる。

　ADHDの児童生徒の示す問題行動の多くが,彼らを取り巻く関係の中で生じていることは先に述べたとおりである。関係者が,こうした問題を児童生徒個人に内在するものととらえ何らかの働きかけを行っても,周囲の環境

が変わらない限り問題行動（とされている行動）は繰り返され，さらにそれを何とかしようとする堂々巡りが繰り返されることになる。この中では，児童生徒の示す「例外」も，立ち現れては消えていくという経過をたどることになる。なぜならば，こうした構造の中では「例外」も問題と表裏の関係でしかとらえられないからである。

　こうした状況をA男について考えてみたい。A男のいた中学ではほとんどの生徒が幼稚園や保育園のときから一緒に生活してきている。こうした環境の中で長時間かけて形成されてきたA男に対する「キレる」というラベルの持つ拘束力は極めて強いものだったことが推測される。これを解決すべく，A男を取り巻くクラスの生徒や担任，家族，児童相談所といった問題を解決するためのシステムが形成され，A男に対するさまざまな関わりが行われていったと推測される。こうした中で行われた児童相談所でのソーシャルスキルズ・トレーニングとペアレント・トレーニングは，A男と母親に対して一定の効果を上げていたことがA男の話や母親の話からうかがわれる。しかし，それ以上に「キレる」というラベルの持つ拘束力とA男の問題を解決しようとするシステムが強固であり，本人の変化，すなわち「例外」がA男を取り巻く人たちには充分な形で認識できない状況が続いていたと考えられる。

2．変化を構成する

　A男に対する関わりは，本人との面接による関係作りから始まり，EMDRを用いた危機介入，母子合同面接による親子間のコミュニケーションの改善，SCの面接からのフェードアウトと，その時々の必要性に応じて変化してきている。一見すると随分落ち着かない，方針の定まらない関わりに見えるかもしれない。こうした種々雑多な関わりの中で一貫して行ってきたことは，児童相談所の関わりや担任の関わり，母親の関わり，SCの関わりのそれぞれをA男を取り巻く関係それぞれにそれとなく伝え続けたことではないかと考えている。

　ブリーフセラピーの考え方からすれば「変化は必然」であり，常に生じて

いるものである（Berg & Miller, 1992）。しかし，先に述べたように学校のように時間的な拘束力が大きな状況の中では小さな変化がなかなか認識されないということが起こりうる。たとえA男が児童相談所のソーシャルスキルズ・トレーニングを通して学校の中の行動を改善させていたとしても，そうした行動はこれまで彼につけられていたラベルの中ではかき消されてしまう。生じている変化を維持するために重要なのは，変化に関心を持つ相手の存在である。A男を取り巻く関係者の間でいかに小さな変化を見出すことができるのか，SCが関係者に伝え続けたのはこうしたA男を取り巻く状況の小さな変化だった。それにより，彼の変化に関心を持つものが多くなり，それがクラスや家庭，地域でのA男の持つラベルを変化させていくことにつながったといえよう。

3．抱えられる環境の形成へ

こうした当事者の変化を認識し，共有する人の集まりを作るという試みは，エプストン（Epston, 1998）やウィンスレイドとモンク（Winslade & Monk, 1999）のいう「関心コミュニティ」形成の試みと考えられるだろう。「関心コミュニティ」を形成することによって，その中で生じた変化は見出されやすくなる。また，生じた変化をもとに関係者の行動も変化していく。途中で担任のC先生が行ったA男を係活動に積極的に引き入れる指導（#10まで）は，こうした小さな変化から引き出されていったものと考えられる。

このことによりA男の行動が劇的に変化したわけではない。A男は以前と同じように友達と喧嘩をしてしまうことがあったし，異性とのトラブルも起こしたりしている。その変化は小さなものだったのかもしれない。しかし，こうしたA男が示す行動を，学校や家庭が大きな問題とはとらえなくなっていったことは確かであろう。そこには，A男を抱えられるような環境が形成されていったと考えられよう。これが，事例の最後で述べたように学校の中の多くの教職員がA男に声をかけてくれるようになったことにつながっていると考えている。

Ⅳ　おわりに

　ADHDの児童生徒の多くは自己評価が低く，自分の行動を変えていくことに対して無力感を抱いている場合が多い。こうした傾向は年齢が進むにつれて顕著になる。そんな彼らに直接変化を求めることは難しい。彼らの変化に少しでも関心を示してくれる人々が周囲にいること，そうした人々が彼らのゆっくりした変化に気づけること，そうした人々により彼らを抱えられるような環境が作り上げられていくことがまず重要であると考えている。ここでもブリーフセラピーの原則が生きてくる。まずは「変化が起こりやすいところに関わる」のである。彼ら本人に対する関わりはそれと並行して少しずつ行っていくことが大切であろう。

　　〔謝辞〕本論を終えるに当たり，事例の報告について快く承諾くださったA男君とそのお母さん，担任だったC先生，児童心理司のD先生，E先生に心から感謝したい。

引用文献

Anderson, H. (1997) Conversation, Language and Possibilities：A Postmodern Approach to Therapy. Basic Books, New York.（野村直樹，青木義子，吉川悟訳（2001）会話・言語・そして可能性——コラボレイティヴとは？　セラピーとは？——．金剛出版）

Berg, I. K. & Miller, S. D. (1992) Working with the Problem Drinker：A Solution-Focused Approach. W. W. Norton, New York.（斉藤学監訳（1995）飲酒問題とその解決——ソリューション・フォーカスト・アプローチ——．金剛出版）

Epston, D. (1998) 'Catching Up' with David Epston：A Collection of Narrative Practice-based Papers Published between 1991 & 1996. Dulwich Centre Publications, Adelaide, South Australia.（小森康永監訳（2005）ナラティヴ・セラピーの冒険．創元社）

倉光修編（2004）学校臨床心理学．（大塚義孝・岡堂哲雄・東山紘久・下山晴彦監修）臨床心理学全書12，誠信書房．

岡田隆介（1999）家族の法則——親・教師・カウンセラーのための道標50——．金剛出版，東京．

Shapiro, F. (2001) Eye Movement Desensitization and Reprocessing：Basic

Principles, Protocols, and Procedures. Gilford Press, New York.（市井雅哉監訳（2004）EMDR ——外傷記憶を処理する心理療法——．二瓶社）

Winslade, J. & Monk, G.(1999) Narrative Counseling in Schools. Corwin Press, Inc, Thousand Oaks, CA.（小森康永訳（2001）新しいスクール・カウンセリング——学校におけるナラティヴ・アプローチ——．金剛出版）

吉川悟編(1999)システム論から見た学校臨床．金剛出版．

編者
宮田　敬一（大阪大学大学院）

執筆者（執筆順）
宮田　敬一（大阪大学大学院）
菊池悌一郎（九州工業大学）
青木美穂子（群馬県公立小学校）
上農　　肇（石川県公立小学校）
秋山　邦久（文教大学）
衣斐　哲臣（和歌山県子ども・障害者相談センター）
奥田美和子（和歌山県子ども・障害者相談センター）
八代　一司（和歌山県子ども・障害者相談センター）
金山　健一（函館大学）
長谷川明弘（金沢工業大学）
鈴木　義也（東洋学園大学）
津川　秀夫（吉備国際大学）
生田かおる（横浜国立大学留学生センター）
柴田　　健（弘前大学）

軽度発達障害へのブリーフセラピー
効果的な特別支援教育の構築のために

2006年7月20日　印刷
2006年7月31日　発行

編　者　宮田　敬一
発行者　田中　春夫

印刷・平河工業社　製本・河上製本

発行所　株式会社　金剛出版
〒112-0005　東京都文京区水道1-5-16
電話 03-3815-6661　振替 00120-6-34848

ISBN4-7724-0926-2 C3011　　　©2006, Printed in Japan

ADHDへのナラティヴ・アプローチ
子どもと家族・支援者の新たな出発

D・ナイランド著
宮田敬一・窪田文子監訳
A5判　224頁　定価3,360円

今日のADHD診断の急激な増加や，数多く行われる安易な投薬治療の現状に，鋭く疑問を投げかける！

著者ナイランドは，ナラティヴ・アプローチに基づく5つの段階を「スマート・アプローチ」と名づけ，その過程で，一人ひとりの子どものもつすばらしい能力や才能を見抜き，それをときにユーモラスな，ときに思いやりに満ちた，子どもや親との真摯な対話によって導き出す。さらに，周囲の大人が子どもの力を育て伸ばすための，家庭や学校における環境づくりの提案や，子どもの行動上の問題をどう考え，実際にどう対処していくのかを具体的に説き明かす本書は，多くの事例も収載され，著者ならではの方法とアイディアがつまった一冊である。

子どもと家族，教師，そして子どもの援助者にとって，大いに役立つものとなろう。

□おもな目次
第Ⅰ部　批　　判
　1章　導入―ハック・フィン，チャド・ジェイジー医師に会う／2章　不可思議な科学―ADHD診断の実態
第Ⅱ部　解　　決
　3章　スマート・アプローチ――概観／4章　ステップ1――ADHDの問題を子どもから切り離して考える／5章　ステップ2――子どもや家族に対するADHDの影響を描き出す／6章　ステップ3――ADHD物語の例外に着目する／7章　ステップ4――ADHDと診断された子どもの特別な能力を取り戻す／8章　ステップ5――新しい物語を語り，祝福する／9章　スマート・セラピーのまとめ――始まりから終わりまで／10章　学校でのハック――教室におけるスマート戦略／11章　ハックがスマートを受けてスマートになる――ハックとデイヴィッドとの会話

価格は消費税込み（5％）です

ブリーフセラピー入門

宮田敬一編
Ａ５判　244頁　定価3,885円

　ブリーフセラピーの基本的な考え方とさまざまな技法の実際がそれぞれ実践の中で活用している代表的な臨床家，研究者によってわかりやすく簡明に解説されている。
　さらにその具体的な事例が生き生きと描かれているので，過去の問題を問わず，現在とその解決に焦点を当てるといった，これまでの心理療法の発想とは全く趣を異にする新しい世界を，読者は生々しく追体験することができる。

学校におけるブリーフセラピー

宮田敬一編
Ａ５判　228頁　定価3,570円

　学校問題に対処するために最も適した心理療法モデルの一つが，短期の効率的な治療をめざすブリーフセラピーである。
　本書は，ブリーフセラピーの考え方と技法の基本的な原則を教育現場でもスムーズに応用できるよう具体的かつ簡明に解説した上で，事例の提示により，実際の問題解決の過程についても詳述している。子どもたちの問題解決にかかわる教師や教育関係の人たち，またスクールカウンセラーやセラピストに直ちに役立つ指針を示すものである。

学校で役立つブリーフセラピー

Ｊ・Ｊ・マーフィ，Ｂ・Ｌ・ダンカン著
市川千秋・宇田　光監訳
Ａ５判　200頁　定価2,940円

　「何がうまくいくのか」という観点から，実際に現場で体験したことがらに基づいて，初回面接の査定から，介入，進歩の評価と維持までの各段階を，事例に即して具体的に描きだす。数多くの面接場面を引用し，さらに，役立つ介入のための文献の紹介もなされているため，学校カウンセラー，現場教師はいうまでもなく，研究者や相談員，さらに，学校の問題に関心のある多くの人々にとっても，極めて有益なものである。

価格は消費税込み（５％）です

学校におけるSST実践ガイド
子どもの対人スキル指導

佐藤正二・佐藤容子編
Ａ５判　210頁　定価2,625円

　子どものSSTに関する経験豊かなエキスパートによる，教師・スクールカウンセラーなど教育現場で働く人々のための実践ガイド。引っ込み思案の子ども，攻撃的な子ども，知的障害をもつ子どものケースを提示したうえで，学習障害や注意欠陥多動性障害など，近年SSTの新たな対象となってきた子どもたちへの最新の臨床成果を紹介．さらに学校現場に特有のいじめ，不登校へのアプローチ，近年盛んに実践されつつある集団SSTについても，幼稚園，保育園，小中学校の事例を交えて解説している。

学校コミュニティへの緊急支援の手引き

福岡県臨床心理士会編／窪田由紀・向笠章子・林幹男・浦田英範著
Ａ５判　280頁　定価3,990円

　本書は，学校への緊急支援活動を幅広く展開する福岡県臨床心理士会によって制作された，実用的かつ実践的な手引き書であり，コミュニティ外からチームを派遣し学校そのものをサポートする現実的で有効な緊急支援方法が詳述されている。本書の前半部には詳しい理論的背景が解説されており，後半部にはすぐに使える「手引き」や「資料」が用意されているが，そこには緊急支援の現場を多く経験した著者らのアイデアが数多く詰まっている。

軽度発達障害児の理解と支援
子どもと家族への実践的サポート

降籏志郎編著
Ａ５判　310頁　定価2,940円

　軽度発達障害を正しく理解し，支援の輪を拡げる目的で，学校や地域の養護施設で働く臨床家や家族のために治療教育的な発達支援の実際を事例をあげてわかりやすく解説した実践的指導書である。特に現在緊急の対策が望まれる学校現場における具体的な支援と教育の進め方に重点を置き，また健診による障害の早期発見，地域で支えていくためのプログラム，さらに当事者からの論考までも収録した。

価格は消費税込み（5％）です

ADHD臨床ハンドブック

中根　晃編
Ａ５判　262頁　定価4,410円

　ADHDは薬物療法によって改善される例が多いものの，以前に培われてしまった教育の遅れや，自尊心の低さなど，発達的な問題も発生してしまうため，ADHDを持ってしまった子どもたちへの対応は，医学的な見地と教育的な見地の両面から行う必要が出てくる。本書は子どもの治療・療育に長年携わってきた医師，教育者，心理療法家，研究者といった多方面の筆者たちの手によって，ADHDの最新の知見と臨床実践，療育方法が多彩かつ多面的に描き出されており，ADHD臨床における豊富な知識を提供することだろう。

児童虐待へのブリーフセラピー

宮田　敬一編
Ａ５判　240頁　定価3,570円

　本書は，主に福祉領域の最前線で活躍している執筆陣が，虐待の発見，相談，防止に，そして，過去の虐待体験の対処にブリーフセラピーがどのように役立つのかを，実際のケースとのかかわりをとおして詳述したものである。クライエントの過去ではなく，現在・未来に，そして，病理ではなく，資源に焦点をあてるブリーフセラピーの独自な考え方と技法がきわめて有用なアプローチの一つとなることを示す。

新しいスクール・カウンセリング
学校におけるナラティヴ・アプローチ

Ｊ・ウィンスレイド，Ｇ・モンク著／小森康永訳
四六判　228頁　定価2,520円

　ナラティヴ・アプローチとは，「話し相手の語るストーリーこそが，その人の人生を形作っていると考え，そのストーリーの改訂のために，より好ましい素材を一緒に探し，新しいストーリーを共同で練り上げていくアプローチ」と言うことができる。ストーリーは一個人の頭の中にあるのではなく，多くの人々との対話という相互作用のなかで日々生まれ直している。ナラティヴ・セラピーを学校という舞台で適用するための手引き。

価格は消費税込み（5％）です

心理臨床という営み
村瀬嘉代子著／滝川一廣・青木省三編
あらゆる心の臨床課題にこたえる珠玉の論考と、さまざまな挿話によって綴る、村瀬嘉代子ワールド。　3,780 円

ロールシャッハ・テスト実施法
高橋雅春・高橋依子・西尾博行著　包括システムによる実施法、コード化、構造一覧表の作成までを日本人の実例によりわかりやすく解説。　3,570 円

家族療法のヒント
牧原　浩監修／東　豊編集　わが国の家族療法の草分け的存在である監修者を筆頭に、気鋭の臨床家が家族療法の諸技法を整理しかんどころを伝える。　3,150 円

ナラティヴ・セラピー みんなのQ&A
ラッセル、ケアリー編／小森康永、他訳　ナラティヴ・セラピーの実践に重要なキーワードについての質問にそって技術書風に書かれた入門書。　2,940 円

ロジャースをめぐって
村山正治著　スクールカウンセリングや学生相談、エンカウンターグループ、コミュニティへの援助など長年にわたる実践と理論をまとめた論集。　3,780 円

子どもの法律入門
廣瀬健二著　子ども、とりわけ非行少年にかかわることの多い臨床実務家のために、子どもに関する法・制度の概要をわかりやすく解説する。　2,520 円

遺伝相談と心理臨床
伊藤良子監修／玉井真理子編集　事例レポートとともに医学的な解説がなされ、周産期、不妊、法的問題などについても解説する。　3,570 円

強迫性障害治療ハンドブック
原田誠一編著　診断・症状評価・薬物療法・心理教育・精神療法をカバーし、最新の知見をふまえた診療の進め方が具体的に解説されたハンドブック。　5,985 円

育児支援のチームアプローチ
吉田敬子編／吉田敬子、山下　洋、岩元澄子著　妊産婦自身や母子関係の心理・精神医学的諸問題を取り上げ、他職種協働による臨床の実際を示す。　3,990 円

境界性パーソナリティ障害
J・ガンダーソン著　黒田章史訳　薬物療法、弁証法的行動療法、認知行動療法、家族療法などの治療技法を併用することの有効性を提示する。　5,985 円

新訂増補 自殺の危険
高橋祥友著　自殺の危険を評価するための正確な知識と面接技法の要諦を多くの症例を交えて解説。初版の2倍の内容を収録した専門的研究の決定版。　4,830 円

ストレス・マネジメント入門
中野敬子著　ストレスを自分でチェックし、軽減するようにコントロールする技術をだれもが学べ、実践できるようにしたわかりやすい解説書。　3,360 円

電話相談の考え方とその実践
村瀬嘉代子・津川律子編　「いのちの電話」や被害者・被災者支援、産業臨床、子育て支援など、電話相談者のための実際的で具体的なテキスト。　2,940 円

症例でたどる子どもの心理療法
森さち子著　5年間におよぶ心理療法のプロセスをクライエントとの心の通いあいを軸に克明にたどり、子どもの心理療法の治療構造を明らかにする。　2,940 円

臨床心理学
最新の情報と臨床に直結した論文が満載
B5判160頁／年6回（隔月奇数月）発行／定価1,680円／年間購読料10,080円（送料小社負担）

精神療法
わが国唯一の総合的精神療法研究誌
B5判140頁／年6回（隔月偶数月）発行／定価1,890円／年間購読料11,340円（送料小社負担）

価格は消費税込み（5％）です